REGARDS

Claire MAYOR-TANNIERE

REGARDS

* * *

Nouvelles

© 2014 Claire MAYOR-TANNIERE

Illustration et maquette de la couverture : Claire MAYOR-TANNIERE

Edition : BoD – Books on Demand
12/14 rond-point des Champs Elysées
75008 Paris
Imprimé par BoD – Books on Demand, Norderstedt
ISBN : 978-2-3220-1151-3
Dépôt légal : novembre 2014

« Le Code de la propriété intellectuelle interdit les copies ou reproduction intégrale destinées à une utilisation collective. Toute représentation ou reproduction intégrale ou partielle faite par quelque procédé que ce soit, sans le consentement de l'auteur ou de ses ayant droit ou ayant cause, est illicite et constitue une contrefaçon, aux termes des articles L.335-2 et suivants du Code de la propriété intellectuelle. »

« Toi, ma grande, tu devrais écrire »
Pour Nanard.
Ce recueil est une façon, tardive,
de tenir ma promesse.

« Fais de ta vie un rêve,
et d'un rêve, une réalité. »
Antoine de Saint-Exupéry

Page blanche

La page n'est pas tout à fait blanche. Finement quadrillée, en fait. Un bleu tirant légèrement sur le gris. Le fameux faux-uni cher aux tapissiers. Une odeur de colle de poisson quand on pose son nez à même le papier. Cette incomparable odeur d'école. Un simple feuillet perforé, et tous les souvenirs affluent. Tableau noir. Poussière de craie. Effluves de lessive de la blouse rose de l'institutrice. Relents d'alcool de la vieille rotative au fond de la classe, sous sa housse usée par le temps. Turquoise incomparable des poésies fraîchement copiées. Rouge sang du cahier de contrôle, noir ténébreux de celui de mathématiques, bleu électrique de celui de français. Mie colorée et odorante de la brioche au beurre du goûter de onze heures. Dans sa mémoire, l'école est toujours cet arc-en-ciel flamboyant. Et se pencher sur la page blanche fait à chaque fois rejaillir ces accents d'enfance.

Page blanche

Un porte-mine à la main, elle hésite à poser les premières lettres sur le papier. Comme un besoin d'apprivoiser la matière avant de lui imposer ses propres règles du jeu. Ses propres mots. Un instant de réflexion, une pause, avant la déferlante. Une écriture fine, nerveuse, sans réel à-coup, rapide. Ne pas déranger la feuille trop longtemps. La mine du crayon commence à chatouiller le papier. Les lettres se posent sur les lignes comme les hirondelles sur les fils électriques à la fin de l'été. Elle aime les premiers jets. Leur spontanéité. Elle rebute toujours à reprendre ce qu'elle vient d'écrire. A retravailler. Casser le rythme. Briser la rectitude. Le crayon, semi-gras, ne laisse qu'une empreinte grisâtre sur la feuille bleutée. Toute rature noircit à outrance la page. Un trait de khôl qui par erreur enlaidit l'œil qu'il devait mettre en valeur. Jamais de correction. Le moins possible. Conserver au maximum l'intensité du premier coup de pinceau.

Elle se souvient de la rage muette qu'elle avait quand un de ses professeurs avait osé annoter sa copie entre ses lignes, au lieu d'utiliser la marge soigneusement délimitée par ses soins à l'encre rouge. Comme une intrusion dans son intimité. Une violation de domicile. Frappez avant d'entrer. Ça n'était pourtant pas compliqué. Des remarques, oui.

Regards

Autant qu'ils en voulaient. Mais dans la partie de page qui leur était réservée. Tout écrit a pour elle une existence propre. Une vie insufflée par son auteur. Quel besoin ont toujours les autres de vouloir apporter leur touche personnelle aux œuvres qui ne sont pas les leurs ? De saccager le jardin fleuri, parfois maladroitement, mais toujours avec tendresse, par leur compositeur ? Chaque phrase est une musique où tout ajout extérieur sonne comme un couac. Une aquarelle que la moindre touche de peinture à l'huile défigure définitivement.

Elle n'a jamais saisi le plaisir qu'il pouvait y avoir à écrire sur ordinateur. Quelle poésie dans le cliquetis des touches, dans les vibrations de l'écran et ces couleurs qui agressent l'œil à en pleurer ? Quelle joie à voir se succéder des lignes et des pages d'une police semblable à celle de son voisin ? Une écriture lisse, régulière à l'extrême, sans la moindre personnalité. Et l'encre noire, banale, stricte et triste de l'imprimante. Pas le plus petit reflet, le plus petit jeu de pleins et de déliés, ni le plus petit épatement dû à l'érosion de la mine de carbone … La magie du dépôt de la poussière de charbon sur les fibres de papier, elle ne saurait s'en lasser.

Page blanche

Elle n'a jamais prétendu écrire des chefs-d'œuvre. Ni même quoi que ce soit de sensationnel. Cependant, toute littérature est unique, comme tout être humain qui la produit. Et en ce sens, elle considère indispensable un minimum de respect. Pour ce qu'elle a laissé venir sous sa plume. Pour ce que tous ceux qui l'ont précédée ont écrit avant elle. Elle ne prétend pas avoir l'art infus. Mais il lui arrive d'être fière de ce que son crayon a mis en mots alors qu'elle n'aurait su l'exprimer de vive voix. Et elle accueille les critiques avec plaisir. Les remarques positives la mettent souvent mal à l'aise. Qui sait ce qu'ils apprécient réellement ? Ce sont leurs doutes, leurs hésitations, leurs questions qu'elle a appris à accepter. Ces sensations dont ils lui font part. lorsqu'ils mettent précisément le doigt sur le mot, la tournure qui la gênait. Comme un plat un peu trop salé, un pantalon étriqué. La petite note qui sonne faux. La touche de couleur qui fait tache.

Le plaisir est là. Dans ces brefs moments où la correction utile se laisse deviner. Où le mot juste arrive, à l'improviste, et éclaire la page de la lumière tant attendue. La pointe de cannelle qui relève le biscuit. Le ruban qui souligne le tombé de la jupe. Le bonheur du tableau achevé. Du travail accompli. Enfin. Une fois encore. L'écriture est un art. La feuille blanche l'appelle, le suscite. Elle se sent artiste. Elle se sait apprentie. Elle laisse papier et crayon lui apprendre. De jour en jour. De page en page. Et la lumière sera.

Page blanche

II

Elle avait passé une nuit blanche, une de plus. Heureusement, entourée de gens qu'elle appréciait. Après un début de soirée autour d'un bon repas, puis une partie de cartes endiablée, ils avaient réussi à se mettre au travail. Une nuit à débattre, à écrire puis déchirer ce qu'ils venaient de faire. Une nuit à multiplier les feuilles, les Post-It. A enchaîner les cafés et les cigarettes pour tenir. Un grand projet, entre collègues. Une bonne ambiance, une bonne nuit, malgré le manque de sommeil.

A l'aurore, ils étaient satisfaits de ce qu'ils avaient produit, même s'ils savaient qu'ils devraient se voir à nouveau pour peaufiner tout ça. Elle leur avait dit au revoir sur le parking, était montée dans sa voiture, heureuse du travail accompli, et soulagée de pouvoir rentrer chez elle. Elle avait entrouvert la fenêtre, et monté le volume de l'autoradio. Dans la brume matinale, elle se sentait entre deux mondes.

I/

Pas vraiment une noctambule, elle ne rentrait pas d'une nuit de débauche en discothèque. Et après cette longue insomnie, elle ne se sentait pas non plus en phase avec la longue file des travailleurs en route pour l'embauche, lorsqu'elle passa par-dessus la rocade.

Elle avançait vers le centre-ville, à moitié bercée par la musique. Elle luttait contre l'endormissement. Une légère bruine vint à son secours, la rafraîchissant par la vitre baissée. Elle aimait cet entre-deux où elle se sentait seule au monde. Cette impression de renouveau, d'ouverture vers tous les possibles. Comme une entrevue de l'éternité. Le ciel gris, apaisant, neutre. Elle roulait, faisait le bilan des semaines passées, projetait les jours à venir, traversant les rues désertes.

Vides. D'ailleurs. Elle commença à regarder autour d'elle avec une attention plus soutenue. La lumière bleutée du petit matin se reflétait dans les flaques, donnant à la ville un air de Belle au Bois Dormant. Les boutiques fermées, derrière leurs rideaux de fer. Toutes lumières éteintes. Leurs stores tendus sous la pluie. Elle ne distinguait plus aucun magasin de son voisin. Seule dans sa voiture, elle commençait à frissonner. Elle augmenta encore un peu la radio, et démarra le chauffage. Elle se concentra sur la route, et le va-et-vient des essuie-glaces qui couinaient de temps en temps, couvrant la musique.

Soudain, son poste se mit à grésiller. Satanée pluie. Elle essaya de changer de fréquence, mais rien n'y fit. Elle laissa tomber, et poursuivit sa route en silence, avec ces crachouillis en fond sonore, s'accordant avec les gouttes d'eau et les essuie-glaces pour créer une petite symphonie de l'aube automnale. Un panneau d'information lumineux clignotait. « Attention ... Attention ... Attention ... » Elle mit un certain laps de temps à réaliser ce qu'elle venait de lire. Et même une fois en avoir pris conscience, elle se demandait encore ce que pouvait signifier ce message. Certes, il pleuvait bien maintenant, mais on était loin de la tempête ou des inondations qui méritaient que tout le monde se barricade chez soi. Elle tritura à nouveau son poste à la recherche d'une station qui émettrait correctement. Fichue radio !

Soudain, le grésillement changea. Elle stoppa son geste, et tendit l'oreille. Une voix métallique retentit au milieu des crépitements. « IL est de retour ... IL est là ... » Elle jeta un œil interdit sur son poste, et changea à nouveau de station, tout en reprenant sa route. Un nouveau panneau capta son regard « IL revient ... IL revient ... » Et la voix, robotisée, reprit de plus belle, comme en écho « Attention, IL est là ... Attention ... Attention ... » Elle se sentit d'un coup oppressée, nerveuse. Jeta des regards furtifs autour d'elle. Se rendit alors vraiment compte que tout semblait avoir changé. Tout était gris, terne, lugubre.

Au loin, une silhouette à côté d'un abribus. Jamais elle n'avait été heureuse à la vue d'un inconnu. Mais plus elle s'approchait, plus l'angoisse montait. Lui serrait le cœur, la gorge. L'homme était habillé de blanc. Intégralement. Il restait immobile, sous la pluie. Pas un autre véhicule à l'horizon. Parvenue à sa hauteur, elle s'aperçut qu'il avait les mains liées devant lui par une cordelette blanche. Et un bâillon blanc lui enserrait la bouche. Son teint pâle faisait ressortir ses yeux. Un regard poignant. Un cri muet. Au secours. Sauve-toi tant que tu le peux encore !

« Attention ... IL est de retour ... IL est là » Les panneaux lumineux et la radio crachaient ce message en permanence maintenant. Et autour d'elle, de plus en plus de formes blanches. Attachées aux bancs, encordées aux poteaux. Sans parapluie. Sous cette averse glacée. Des corps vidés de toute énergie. Des cheveux ruisselants collés aux visages

Regards

émaciés. Des lèvres exsangues et bandées. Les femmes avec leur mascara qui coulait et soulignait les cernes bleutés. Et ces regards. Tous ces regards … Aide-nous ! Non, sauve-toi !

Elle se sentait partagée. Elle ne pouvait les laisser là, dans leur supplique silencieuse. Elle ne pouvait être seul témoin de cette scène, et ne rien tenter pour eux. Et dans le même temps, elle ne parvenait pas à stopper sa voiture. Elle progressait au ralenti, au milieu de ces ombres, crispée sur son volant, tétanisée par la peur. Des milliers d'idées à la seconde. Et aucune sur laquelle se fixer. La panique. La vraie.

Après ça, elle ne se souvient plus de rien. Elle s'est réveillée le lendemain matin. Dans son lit. Du mascara coulé sur ses joues. Dans sa penderie, tous ses vêtements étaient devenus blancs.

II

Insomnie

Le soleil dort encore, mais elle a les yeux grands ouverts. Elle scrute le plafond au-dessus de son lit. Elle en connaît toutes les aspérités, elle les devine dans la pénombre de la nuit. Elle s'accroche à ces détails, elle les passe en revue. Elle espère se calmer en se concentrant sur cette pièce qu'elle connaît du bout des doigts, du bout des yeux. Elle s'est réveillée subitement, terrifiée. Il faut absolument que l'angoisse passe. Il faut qu'elle se rendorme.

Un son familier, au loin. Qui se rapproche, irrémédiablement. Un coup de sirène. Le train traverse le passage à niveau au bout de la rue. Elle laisse aller son imagination. Elle saute de son lit dans un des wagons. Le cliquetis régulier des roues sur les rails la bercera peut-être. Mais le train accélère, et son pouls suit le rythme endiablé de la locomotive. Elle saute en marche. Elle tremble encore plus qu'avant cette équipée. Il faut qu'elle se calme. Il faut qu'elle se rendorme.

Il fait chaud sous la couette. Elle la repousse doucement du bout des pieds. Un vent frais la frôle. La fenêtre est entrouverte. Elle tremble encore un peu, mais ça va tout de même mieux. Elle se retourne dans son lit, cherche un coin froid du matelas où elle pourrait faire son nid. Mais il fait trop chaud. Une seconde d'hésitation, et elle se lève. Il est beaucoup trop tôt, mais elle a besoin de se changer les idées. Elle s'approche de la fenêtre. La température devient plus supportable. Son chat, sur le rebord, se dore à la lumière des étoiles. Il relève la tête, ouvre les yeux. Deux croissants de lune. Interrogateurs. Un ronron. Un miaulement. Que fait-elle debout à une heure pareille ? Il faut qu'elle se recouche. Il faut qu'elle se rendorme.

Mais l'angoisse est toujours là. Elle est palpable dans toute la piève. Une peur sourde. Enveloppante. Elle voudrait fuir cette peur. Elle ne se sent pas de taille à l'affronter. Elle quitte la chambre. Précipitamment. La cuisine baigne dans la lueur orangée de l'éclairage public. A tâtons, elle rejoint le frigo. Pluie de lumière. Elle attrape une bouteille, er replonge la pièce dans l'obscurité. Moins agressive. Quelques gorgées d'eau. Une grande goulée d'air. Elle repose la bouteille. Elle n'avait pas soif. Que faire ? Il faut qu'elle se raisonne. Il faut qu'elle se rendorme.

Elle esquisse un pas de danse. Marche sur la balle du chat. Retient un cri. Ne surtout pas crier. Ne pas amplifier la peur. Elle se force à chantonner. Doucement. D'une voix d'enfant. Les paroles remontent à sa mémoire. Une vieille rengaine. Triste à souhait. C'est encore plus angoissant qu'un cri. Elle s'agrippe aux meubles. Les larmes ruissellent sur ses joues. Une ombre se faufile dans la pénombre du salon. Une boule de poils lui frôle la jambe. Elle sursaute. Ebauche un demi-sourire. Le chat ronronne à ses pieds. Elle le prend dans les bras. Lui se dresse, boit ses larmes. Il faut qu'elle arrête de pleurer. Il faut qu'elle se rendorme.

Elle retourne dans sa chambre, le chat blotti contre elle. La nuit est moins épaisse. Le jour se lèvera bientôt. Elle a besoin de s'occuper. Quelques habits traînent au sol. Elle pose le chat, fait le tri. Rependre le jean. Plier le pull. Mettre le chemisier dans le panier de linge sale. Une feuille sur le rebord du bureau risque de s'envoler. Elle range. Réorganise les piles. Pose le stylo dans la vieille trousse de cuir. Une caresse à son chat. La peur est toujours là. Mais elle fait avec. Elle s'allonge sur son

Insomnie

lit. Il faut qu'elle ferme les yeux. Il faut qu'elle se rendorme.

Dans deux heures, c'est son anniversaire. Elle ne veut pas passer son anniversaire seule.

Une toute petite fille

C'était une toute petite fille. D'elle, on ne voyait la plupart du temps que les yeux baissés, et les petits poings convulsivement serrés. Et souvent, deux larmes qui roulaient en silence sur ses joues creusées. C'était une toute petite fille, avec des secrets trop lourds à porter.

Le jardin était son territoire, sa cachette, son refuge. Un jour, elle lui a demandé asile, et les saules ont ouvert leurs branchages pour la laisser se faufiler. C'est là qu'elle fuyait les disputes, les cris, les coups. C'est là qu'elle venait s'abriter quand la vie des autres devenait trop douloureuse à partager. C'était une toute petite fille qui regrettait souvent d'être née.

Dans ses premières années, elle était encore bébé, et restait longtemps prostrée. Agressée par le bruit des parents qui s'accrochaient, et les pleurs de

Une toute petite fille

sa sœur aînée. Elle sentait que son monde débloquait, mais ne pouvait rien faire pour l'aider à se redresser. Plus tard, le regard des copains de classe l'a amenée à se détester. Les mots des adultes, empreints de pitié, l'ont poussée à toujours plus se renfermer. C'était une toute petite fille qui aimait sa famille même si elle la malmenait.

D'elle, les profs ne retiennent que les heures de silence, les copies rendues blanches, et les semaines d'absence. D'elle, les voisins ne parlent que de l'errance, des ombres bleues qui rendaient sa peau transparente, et des jeans usés preuves d'indigence. C'était une toute petite fille qui ne croyait même plus à la chance.

Elle a toujours été discrète, même sa peine devenait muette. Au fil des années, elle se faisait oublier, et de sa bouche plus un mot ne sortait. Pas de bruit, pas de vague, et le temps s'écoulait. Et plus personne n'essayait même de l'aider. Elle a baissé les bras, une fois, mais l'hôpital était trop près pour qu'on la laisse s'en aller. C'était une toute petite fille qui voulait simplement s'envoler.

La grande sœur est partie, et le père aussi. Elle est restée avec une mère qui avait l'alcool pour mari. Elle a grandi bien vite, pour essayer de tenir le logis. Et a continué à fuir au jardin, quand les coups tombaient en pluie. Au milieu du feuillage, elle a commencé à espérer une éclaircie. C'était une toute petite fille qui voulait enfin changer de vie.

Elle s'est accrochée au travail. Confrontée à l'échec, elle avait encore plus envie de conquêtes. Elle a avalé des livres, noirci des feuilles, usé des chaises, avec toujours son rêve en tête. Elle a monté des marches, franchi des obstacles, se fixant chaque fois un nouvel Everest. C'était une toute petite fille qui rêvait d'une vie bien faite.

Aujourd'hui, il lui reste encore beaucoup à parcourir. Elle sait que certaines journées sont bien douloureuses à gravir. Mais aussi qu'en y croyant, elle peut tout réussir. Elle a su s'entourer d'attention et de sourires. Elle a forcé le respect à chaque revanche sur un passé trop dur à décrire. Aujourd'hui, c'est encore une toute petite fille, mais elle croit désormais en l'avenir.

Une toute petite fille

Le vieil homme aux poires

Ce matin, comme tous les matins depuis qu'il était né, il se réveilla de lui-même. Quelques minutes avant le réveil. Le temps d'entendre sa respiration quitter doucement le rythme du sommeil. Le temps de sentir s'animer chacun de ses dix orteils. Juste ce qu'il lui fallait pour quitter la torpeur de la nuit en douceur, avant d'être plongé dans l'animation de la journée.

Il aimait la maison, plongée dans l'obscurité et le silence. Trouver à tâtons le bouton de la cafetière, attraper sa tasse, sentir l'arôme envahir ses narines. Il n'y avait que le matin que son café avait cette odeur. Celle du jour tout neuf. Une odeur pure, corsée, sans interférence. Il sirotait ce café, adossé à la cuisinière, face à la fenêtre, le regard perdu dans la verdure, au milieu des arbres.

Caque matin était un nouveau jour, plein de nouvelles promesses. Et chaque matin était pour tout le théâtre de rituels immuables. Au moment de poser sa tasse dans l'évier, il voyait les volets de la maison d'à côté s'ouvrir. Elle se penchait aux fenêtres pour fixer les persiennes, et jetait un regard au ciel. A chaque fenêtre. Puis la lumière envahissait le rez-de-chaussée, s'échappait jusque sur la pelouse. Elle faisait la course avec le soleil.

Un peu plus tard, il était habillé. Et comme tous les matins depuis qu'il était né, il partit au verger. C'était son trésor, son royaume, le petit coin de paradis que tout le village lui enviait. Sa fierté. Les fruitiers ployaient sous le poids. Les cerises, les pêches, les prunes, les pommes et les poires gorgées d'amour et de soleil brillaient toute la saison au cœur du feuillage. Il y passait chaque année un peu plus de temps. Il avait chaque année un peu plus de temps à leur consacrer. La vieillesse a ce genre d'avantages.

Il savait qu'il fallait laisser faire la nature. Mais il aimait par-dessus tout caresser les troncs, parler à ses arbres de sa voix toujours plus rugueuse, s'asseoir au milieu d'eux, et les écouter pousser. Les voisins, installés depuis peu, regardaient souvent avec étonnement ce vieillard usé, assis sur son trépied, au cœur de son verger, par tous les temps. Lui s'en amusait.

Regards

Ils ne le comprenaient pas. Ils ne pourraient jamais comprendre. Tout ce que ces arbres lui racontaient, lui rappelaient.

Cet après-midi-là, la fille des voisins rentra du lycée, son sac jeté sur l'épaule. Elle avait les cheveux relevés en une grande couette, dont s'échappaient quelques mèches rebelles. Elle marchait d'un pas léger, les yeux posés au loin, les joues rosies par l'effort. Pas seulement. Il sentit que quelque chose avait changé cette jeune fille aujourd'hui. Il comprit que cette fois, pour cette jolie fleur, il n'y était pour rien. Et sentit son vieux cœur se serrer.

Il lui offrit une poire, la plus belle du verger. A défaut de pouvoir faire plus. Quand elle rentrerait chez elle, elle dirait : « Il est bizarre, mais plutôt chouette, le vieux d'à côté. Il m'a offert une poire, ce soir ! » Ses parents souriraient, tandis que lui regretterait ses jeunes années, où il pouvait donner à ses arbres le meilleur des engrais. Mais les voisins ne sauraient pas, ils ne sauraient jamais.

Et demain matin, il pourrait retourner au verger. Se dire que la vieillesse a aussi ce genre d'inconvénients. Même si le temps est le meilleur engrais des secrets.

Le grenier

J'en ai marre. Ras-le-bol. Cette fois-ci, je sature pour de bon. Elles me tapent sur le système. Et encore, je reste polie.

Ce dimanche-là, comme la veille, et l'avant-veille, et les jours d'avant, et ce depuis mes neuf ans, je craquais. Trois générations de femmes sous le même toit, ça fait souvent des étincelles. Surtout s'il n'y a pas d'homme pour mettre un holà aux accrochages et aux remontrances. Une fois de plus, ma mère et ma grand-mère se disputaient u rez-de-chaussée. Et il y avait fort à parier que le sujet principal de leur querelle était l'éducation de la petite-fille de l'une et fille de l'autre, à savoir moi.

Il en a toujours été ainsi entre Maman et sa mère depuis que nous sommes venues habiter chez Mamie. Depuis que Papa a quitté Maman, pour dire les choses telles qu'elles sont. L'histoire se répète, et

Le grenier

elles voudraient toutes deux que le cycle s'arrête avant que j'en subisse les conséquences. Quand Maman avait dix ans, son père est parti après une grosse prise de bec avec sa femme, et il n'est jamais revenu. Entre Papa et Maman, c'était un peu différent. D'aussi loin que je me souvienne, ils se sont toujours disputés. Alors un jour, Papa en a eu vraiment marre, et il a entamé une procédure de divorce. Ils ont fait ça dans les règles, rapidement, sans arrêter de se reprocher tout et son contraire. Et Papa est parti vivre avec une autre, une belle-mère en sorte, très loin d'ici. Mais ce n'est pas comme Grand-Père, parce que Papa m'écrit souvent, me téléphone parfois, et m'envoie toujours un cadeau pour mon anniversaire et pour Noël. Et il verse une pension alimentaire à Maman. Dans les règles. Grand-Père s'est tout bonnement évaporé, lui.

- Tu n'écoutes jamais rien de ce qu'on te dit, tu ne fais pas attention aux rêves de ta fille, tu ne fais même pas attention à ce qu'elle peut penser …
- Tu n'as rien à dire à ce propos ! C'est parce que tu n'écoutais jamais mon père qu'il n'a plus supporté de rester à la maison ! Tu peux parler !

Regards

Ce jour-là, comme les autres, elles revenaient à l'origine du problème : une mère et une fille qui vivent ensemble, après avoir essayé de faire leur vie, et avoir échoué sur le plan personnel. Maman prétend que ce qui lui arrive est la faute de Mamie, qui considère que sa fille fait tout pour que je me plante magistralement moi aussi. J'en avais plein les oreilles de les entendre se reprocher toujours la même chose, marre de les entendre se quereller chaque jour un peu plus, parce qu'il leur devenait chaque jour un peu plus difficile d'effacer les insultes de la veille, et de se dire « je t'aime ».

Je suis montée au grenier. Leurs voix me suivaient, je les entendais encore crier, comme si elles étaient juste derrière la porte. Mais les combles étaient mon domaine, et dans ce royaume, la douleur que je ressentais en voyant ma mère et ma grand-mère se déchirer s'estompait un peu. J'étais tellement épuisée moralement que mes jambes ne me portaient pour ainsi dire plus. Je me suis allongée à même le sol poussiéreux, bras en croix, les yeux au plafond, à la recherche d'un message codé entre les nœuds des vieilles poutres de la demeure familiale, à la recherche d'un message de paix.

Le grenier

Je m'en souviens comme si c'était hier. Je sens encore l'odeur de renfermé, de vieux bois et de naphtaline, et le toucher incomparable des lattes disjointes du plancher sous les doigts. J'avais le regard dans le vague. Le grenier prenait à l'envers une toute autre dimension, à la fois plus mystérieuse et plus rassurante. C'est dans un coin sombre, coincée au raccord de deux poutres, que je l'ai vue. Une tache blanche. Ou un peu jaune. Dans ma mémoire, elle est lumineuse, comme si mille lampes l'éclairaient toutes ensemble. Ça n'était pas le cas. Je me suis levée tout doucement. J'avais peur, je crois, de la faire fuir si j'approchais trop brusquement. Et cette découverte était si inattendue. Je voulais savourer les instants qui me séparaient de la rencontre.

J'ai tendu la main, et la lettre est entrée en ma possession. Elle était adressée « A toi », et n'avait jamais été décachetée. Je tremblais, et pourtant une force irrépressible me poussait à ouvrir l'enveloppe, ce que j'ai fait, délicatement, comme le marié soulève le voile de la mariée pour l'embrasser. A la fin de ma lecture, il est vrai que j'embrassais les feuillets jaunis.

Regards

À toi

Tu me manques, ami, et je m'en veux tellement. Voilà trois ans que tu es parti, je ne me souviens même plus du sujet de notre dispute. Mais c'est à cause d'elle que tu n'es plus là.

Le bruit de la porte que tu claquas ce jour-là est encore dans mes oreilles, il résonne encore dans toutes les pièces de la maison, et notre fille l'entend comme moi. Elle devient belle, ta fille, et courageuse aussi... Tu l'adorerais. Elle vénère ton souvenir, mais elle t'aimerait, tout simplement, si tu étais là.

Elle travaille bien au collège, même si ça n'est pas facile tous les jours d'être " la fille de celui qui a plaqué femme et enfant sur un coup de tête ". Elle reste solide en apparence, mais je sais, nous savons tous les deux, que notre toute petite souffre. C'est elle qui claque les portes, désormais.

Elle a une telle rage au fond des yeux, au fond du cœur. Elle sent que son père n'est pas parti, elle sent

Le grenier

qu'il lui a été enlevé. Elle pense que je l'ai privée de son père. Tu nous manques tellement. Elle s'est mise en colère après moi, juste après que tu as tourné le coin de la rue. Elle n'a jamais accepté que tu t'en ailles. Elle n'a jamais compris ces moments où tu avais besoin d'être seul, de marcher, longtemps, pour te retrouver toi-même. Je n'ai pas pu lui dire. Je ne pourrai pas, tu comprends. Je ne peux pas accepter. Je m'en veux tellement.

Comment notre fille admettrait-elle que pour une querelle quelconque tu aies franchi le pas de la porte, que tu sois parti marcher et que vingt kilomètres plus loin, au soir, alors que tu faisais sans doute du stop pour rentrer à la maison, rasséréné, un chauffard t'aie renversé. Tu es mort sur le coup, il y a trois ans aujourd'hui, et je m'en veux. Tellement.

Me pardonnera-t-elle jamais ? Me pardonnerai-je jamais ?

Je t'aime, éternellement.

Regards

J'ai pleuré ce soir-là dans le grenier. C'était les premières larmes depuis bien longtemps. Mais pour la première fois, c'était des larmes de gratitude. Mon Grand-Père n'était jamais parti, il veillait sur ses trois femmes, depuis le grenier. Maman et Mamie ont compris. Maman et Mamie se sont souri.

Le grenier

Les oiseaux ne meurent jamais

Dans la cour, chez mes grands-parents. Bitume brûlant. Le lierre en cascade le long du mur de terre. Allongée dans l'herbe tendre, je regarde les nuages. Et comme tous ceux de mon âge, je devine un chien, un cheval, un bateau, un château. J'imagine de nouveaux mondes, de nouvelles lois. Apesanteur.

Un vol d'hirondelles à ventre rose. Tournoyantes. Elles se posent en rang d'oignons sur le fil. Me regardent sereines. Redécollent de concert. Un couple rentre dans l'atelier. Eveille mon intérêt. Je les suis à pas de velours. Le nid est là, entre deux poutres. Elles le façonnent amoureusement, patiemment. A la fois dans l'urgence et la maîtrise. La tradition et l'instinct. Je les admire des heures durant.

Quelques années plus tard, j'ai appris à siffler. Mais dans ce coin de verdure, je m'étends toujours sur l'herbe. Les nuages me murmurent de nouvelles histoires. Voyages. Paysages qui défilent. Pas de frontières, pas de limites. Apesanteur.

Les hirondelles reviennent. Se posent sur le fil. M'observent de leurs yeux ronds. S'envolent et tournoient au-dessus de la cour. Je sors sur le chemin, et je siffle. A l'instinct. Les voilà qui me suivent. J'avance, je siffle, et elles sont toujours au-dessus de moi. Un champ. Debout au milieu des épis de blé, je module. Elles me répondent. Changent leur vol, font des boucles, des huit. Montent et descendent au gré de mon chant. J'ai apprivoisé les ventres roses. Je rentre à la maison. Un couple me suit. Rentre dans l'atelier. Recommence ses aller-retours. Consolide le vieux nid. Je danserai cette valse avec elles durant des années.

Bien plus tard, je suis de retour. L'été aussi, mais il n'a plus la même saveur. Les nuages défilent, s'étirent. Ne me parlent plus. Je ne m'allonge pas dans l'herbe. Je regarde la cour envahie de mauvaises herbes. Le lierre dégringole le long du mur de terre, mais les massifs fleuris ne sont plus qu'un souvenir. La maison est silencieuse. La porte de l'atelier ne ferme plus, et la poussière s'accumule sur l'établi. J'avance à pas feutrés dans ce lieu magique que mes grands-parents n'habiteront jamais plus. La page est tournée. Gravité.

Un couple d'hirondelles franchit le seuil. Se perche sur une corde tendue. Me regarde, penche la tête. Je sens une douce quiétude me gagner. Elles volettent jusqu'au nid, refait à neuf.

Maintenant, je sais. Les années passent, comme les nuages. Les rêves changent, et les êtres aimés semblent nous quitter. Et pourtant, il suffit d'ouvrir son cœur pour voir que comme les oiseaux, nos amours ne meurent jamais.

Les oiseaux ne meurent jamais

La mariée était en noir

Petite musique de nuit. Chignon sophistiqué. Perles et fleurs piquées dans les volutes blondes. Décolleté soigné. Fine silhouette de soie sauvage. Longue traîne. Chuintement de l'étoffe souple sur les carreaux ancestraux. Main délicatement posée sur le bras paternel. Allure lente. Respirations synchrones. Sourires de circonstance. Regards attendris accompagnant l'avancée vers l'autel.

Bien sûr, c'est la plus belle des épousées. Bien entendu, c'est la plus majestueuse des célébrations. Evidemment, devant l'autel l'attend le plus rêvé des princes charmants. Certainement, tous repartiront ce soir avec la douce certitude que ce couple-là ... Comme lors de tous les mariages, nous sommes tous intimement convaincus de la pérennité, de l'éternité de leur amour. Encore heureux qu'en ce jour, nous retrouvions tous notre

La mariée était en noir

âme d'enfant et croyions à nouveau aux contes de fées ! Aujourd'hui ma sœur se marie.

Un choix de lecture tout en finesse. De chants bouleversants de tendresse. Un vin d'honneur fleurant bon l'allégresse. Un repas digne d'une reine, s'achevant dans une légère ivresse. La traditionnelle valse exécutée avec l'élégance d'une princesse. S'ensuivit une nuit riche de danses et de liesse.

Au petit matin, le prince s'en est allé, emportant avec lui sa belle enfin mariée. Tous sont repartis se coucher, gardant en mémoire des images étincelantes de cette superbe journée.

Qui donc a remarqué la larme sur la joue qui coulait quand ma sœur doucement descendait l'allée ? Qui a décelé ce souffle subrepticement coupé lorsque le prêtre évoquait l'unique amour, l'amour parfait ? Y en a-t-il eu un seul pour repérer le tremblement de sa main quand elle a signé ? La lueur de chagrin lorsqu'elle a dansé ? Le battement de cils soudain au passage de sa chanson préférée ?

De leur chanson préférée. Non celle de son prince du jour. Non celle de son mari pour toujours. Celle de celui qu'elle a aimé en secret, pendant des années. Celle qu'ils fredonnaient, tendrement enlacés à la nuit tombée, au bout de la jetée. Celle qu'elle écoutait, la tête enfouie dans l'oreiller, lorsqu'il lui manquait. Celle que sa mère à lui a demandée, après que sa moto a dérapé, un sombre jour de février où on l'a enterré. Où ma sœur lui a dit adieu. A jamais.

Aujourd'hui, ma sœur s'est mariée. Et alors que la fête battait son plein, que chacun se réjouissait, j'étais la seule à voir, derrière les perles et le fard, que la mariée était en noir.

La mariée était en noir

Tableaux

I l était apparu un jour de novembre brumeux et froid. Sourire. Etincelle. Touche de gaieté sur fond triste. Goutte de lumière dans la grisaille d'un jour sans but. Contact.

Amis. Groupe d'amis. Longues soirées à repeindre le monde. Deux. Plusieurs. Serrés les uns aux autres. Du moins par le cœur. Impression, souvent, d'un feu brûlant, là, au milieu d'eux. Visages éclairés, plaisir partagé. Simplement ensemble. Tout prenait une autre tonalité. Se transformait. De gouttes de pluie en confettis. De fac salie en Palais des Mille et Une Nuit. Echange.

Le temps avait passé. Les gens changé. Eux deux toujours ensemble. Il avait continué à égayer ses noires pensées. A éclairer ses soirées. Ils avaient appris à se connaître. Mieux. Complémentaires. Elle. Plutôt réservée. Vite effrayée. Facilement fuyante. Torrent de montagne. Parfois impressionnante.

Tableaux

Bleu glacier. Lui. Plutôt attentif. Vite vexé. Facilement amusé. Feu vivant. Toujours réconfortant. Orange détonnant. Complicité.

Soir d'été. Lune presque pleine. Fleuve doré. Ils avaient quitté les volutes bleutées d'un bar enfumé. Fond de l'air frais. Sous les étoiles. Parler. Des heures durant. Un métier ? Des enfants ? La lune avait tourné. Le fleuve coulé. L'amitié passé. Toi. Et moi. Pourquoi pas ? Baiser.

Feu d'artifice ? Couple parfait, presque lisse ? Vie sans problème pour gens qui s'aiment ? Il avait dit « avancer ». Elle avait dit « décider ». Elle pensait construire. Il préféra fuir. Une aquarelle sous la pluie. L'arc-en-ciel vire au gris. Fini.

Au plus profond de nos cœurs

L'information tourne en boucle sur les chaînes de télévision et les radios nationales depuis le matin.

« Le cardiophile a encore frappé. »

Cette nouvelle, les Français ont appris à la redouter depuis quelques années. Ils oublient temporairement le danger, retournent à leurs occupations, leurs petits tracas quotidiens. Mais elle refait toujours surface, et le délai entre chaque réapparition se réduit inexorablement. Comme le sous-préfet de la Creuse l'explique d'ailleurs face caméra, le teint pâle et la lèvre tremblotante, « nous avons affaire à un tueur en série de la pire espèce. Il frappe au hasard, ses victimes n'ont aucun point en commun. L'équipe en charge de l'enquête depuis la découverte du premier corps piétine. Les meurtres se rapprochant, nous en arrivons tous à espérer que l'assassin finira par commettre une erreur qui nous permettra de l'identifier et de l'appréhender. »

L'inspecteur Eric Roiget écoute l'allocution de son supérieur depuis son véhicule de service, en chemin vers l'institut médico-légal de Limoges. Il vient d'être rattaché à l'équipe d'investigation, car c'est la première fois que le meurtrier sévit dans la région, et Eric fera office de relais entre les enquêteurs locaux, qui connaissent bien le terrain, et la « bande des Jolis Cœurs », comme on les surnomme macabrement dans les différents services de police et de gendarmerie, aux trousses de ce fou du scalpel depuis maintenant dix ans.

Il a beau avoir suivi l'affaire de loin en loin depuis le premier mort, par le biais des bruits de couloir et par les infos comme le pékin moyen, il ne sait pas trop à quoi s'attendre. Finalement, la seule donnée concrète dont il dispose, c'est que toutes les victimes ont subi l'ablation d'un organe. Toujours le même. Il leur manque le cœur. Et rien d'autre. Il redoute d'entrer dans la salle d'autopsie. D'abord parce que ça ne lui est arrivé qu'une fois auparavant, et qu'il en garde le souvenir confus d'avoir été malade comme un chien à la vue de ce corps bleu sur la table en inox. Ensuite, parce qu'il va devoir travailler avec de nouveaux collaborateurs, autrement plus expérimentés et calés sur le sujet, dès qu'il aura franchi la porte. En fait, débuter cette coopération par des sueurs froides, ou pire un malaise, ne serait pas du plus bel effet. Or il s'en sait tout à fait capable …

De retour dans les bureaux de la gendarmerie, le capitaine récapitule les infos de la journée, et commence par présenter Eric à l'ensemble de ses nouveaux collègues. Ce dernier est moins tendu que le matin : il a tenu bon, malgré la lumière froide, malgré les regards en coin de l'équipe, malgré l'incroyable distance du médecin-légiste, les bruits de scie électrique et les odeurs d'os brûlé. Il a un peu honte d'y penser, mais il doit bien le reconnaître : il est fier de ne pas avoir tremblé, d'avoir eu l'air détaché. Même si cela confine à de l'inhumanité, vu de l'extérieur. Il espère pouvoir continuer à prendre ce recul nécessaire dans les semaines à venir. Ne pas se laisser rattraper par l'horreur de la situation. Rester lucide, garder les idées claires pour ne pas passer à côté du détail infime qui pourrait permettre de résoudre l'enquête.

« Eric, tu es avec nous ? Je disais donc … »

Encore une fois, il s'est laissé happer par ses pensées, ses craintes. Stop.

Cette fois-ci, après un vieil Alsacien dont la seule passion était le trombone, un Rennais, plus jeune et professeur de musique – la piste musicale avait d'ailleurs été creusée, puis abandonnée faute de résultats probants -, une jeune fille à peine majeure qui venait d'entrer en licence d'Histoire à la Sorbonne, et une femme d'une quarantaine d'années infirmière à l'hôpital Robert Piqué, le tueur s'en était pris à un enfant. Un garçonnet de neuf ans. Un petit bonhomme qui devait rentrer du foot, dans son village de Chéniers. Un coin tellement tranquille que les mômes y vont et viennent en toute liberté. Sa mère a signalé sa disparition quand il n'est pas arrivé pour le dîner. On l'a retrouvé dans les taillis entre le camping et la rivière, pas loin du moulin, les crampons aux pieds, et le ballon à quelques mètres de là. Un trou béant au milieu de la poitrine, à la place du numéro sur son maillot...

La nuit est tombée, mais Eric sait qu'il ne dormira pas. Une escouades d'hommes en uniforme recherche d'éventuels indices supplémentaires, d'autres mènent les traditionnelles enquêtes de voisinage. De longues heures de paperasserie en perspective. Avec la certitude que cela n'apportera rien de neuf, mais l'espoir, toujours l'espoir. En attendant, il se plonge dans les dossiers. Il a désormais accès à tous les éléments de l'enquête. Il a tout photocopié discrètement avant de quitter la gendarmerie, et tapisse le mur blanc du salon de photos, de relevés. Le marqueur à la main, il entoure, relie, annote. Ses copains de promotion utilisent majoritairement l'ordinateur, lui ne se sent compétent que lorsqu'il agit concrètement, manipule, déplace, écrit. Il regarde son mur, et se dit qu'on pourrait aisément le confondre avec le détraqué à l'origine de tout ce Bronx. Il recule de quelques pas, s'adosse à la fenêtre. Derrière lui scintille l'éclairage public de Guéret. Mais son esprit est envahi par toutes ces images. Torses déchirés, poitrines vides. Ces portraits si disparates qu'il est à ce jour impossible de les relier par quoi que ce soit. Eric regarde son mur, et réalise qu'il a face à lui l'affaire de sa vie, et qu'il n'en a pas fini.

* * *

Au petit matin, Thomas lui aussi regarde son mur. Dans le cellier. Les cinq bocaux bien alignés. Thomas les observe, et leur parle. Et pleure, parce qu'il n'est pas là. Qu'il ne répond pas. Il a beau faire, il a beau se dépasser, aller au-delà de ses limites, au-delà du supportable, ça ne marche pas. Il va falloir poursuivre cette effroyable quête, reproduire le même rituel, encore et encore.

Approcher, discuter, apprivoiser, endormir, ouvrir. Et espérer, toujours espérer. Continuer d'y

Au plus profond de nos cœurs

croire. A force, en en regroupant suffisamment, il parviendra peut-être à reconstituer le « nous ». Après tout, c'est ce qu'a dit le Général, le jour de ses neuf ans, le jour de l'enterrement de son père.

« Il sera toujours là, parmi nous, au plus profond de nos cœurs. »

Le recoin

Elle marche dans la ville. Son sac sur le dos. Vieilles chaussures de rando aux pieds. Un grand foulard enroulé autour du cou. Les cheveux relevés sur la nuque. Elle a les mains passées dans les bretelles du sac à dos, et elle marche. Perdue au milieu de la nuée des touristes. Anonyme parmi la foule. Le soleil d'hiver réchauffe à peine les vieux pavés. Son reflet sur la pierre jaune donne aux rues une teinte sépia du meilleur effet. C'est une journée des plus ordinaires.

Elle marche, le nez en l'air. Là où certains mitraillent les mascarons à grands renforts d'objectifs et de flashes, elle remarque la pensée fraîchement éclose dans la jardinière. Quand ils s'extasient devant la hauteur des cloches, elle s'inquiète de l'absence d'un des pigeons de la colonie. S'ils s'agglutinent au bord du fleuve pour voir monter la marée, elle avance doucement en

Le recoin

pistant les premiers indices du retour du printemps.

Elle marche dans sa ville. Celle qu'on prend pour une simple touriste de plus est la reine des ruelles et des cours. Elle en connaît chaque pavé chaque gouttière. Elle en tutoie le maire comme le boulanger et la charcutière. Elle a fait une sieste sur chacun de ses bancs, s'est abritée sous chacun de ses porches. Elle a caressé tous ses chats, partagé son repas avec tous ses chiens. Dans cette ville où elle déambule incognito, elle est impératrice en son royaume.

C'est dans ces moments-là qu'elle est pleinement elle-même. Libre. Ouverte. Rien à prouver, rien à cacher non plus. Elle ne possède rien, et pourtant le monde lui appartient. Elle se sent un peu plus vivante à chacun de ses pas. Le moindre trait de lumière l'illumine de l'intérieur. Elle marche dans sa ville. Le sac sur le dos. Le nez en l'air. Elle sourit, et c'est le plus profond de son âme qui rayonne autour d'elle. Certains ne s'y trompent pas, et sourient en retour. Une petite fille lui fait même une révérence. A l'inverse, beaucoup la croisent sans même la voir. Happés par leur vie, englués dans leurs petits problèmes étriqués, ils sont seuls face au reste du monde, et piétinent sa

Regards

ville comme ils écrasent les fourmis. Ceux-là, elle les toise de haut. Quand on ne sait même plus apprécier un arc-en-ciel dans une flaque d'eau, on ne mérite plus son attention.

Elle aime observer les enfants. Ils savent encore voir. Et s'émerveiller. Même si c'est leur premier passage dans sa ville, ils repèrent les détails sur lesquels elle s'attarde chaque jour. Ils ralentissent le pas devant les premiers bourgeons sur les bouleaux. Ils lèvent les yeux vers la tourterelle qui a oublié de partir au soleil. Ils montrent du doigt le chat roux à la fenêtre qui voudrait rentrer s'abriter de la pluie. Ils ouvrent grand leurs oreilles aux premières notes du violoniste ambulant. Les adultes tirent sur le bras, pressent le pas. Les enfants traînent, et lui reconnaissent son titre de reine.

Elle marche dans sa ville, sereine. Mais chaque soir, elle regarde le soleil se coucher avec angoisse. Une peur viscérale lovée bien au chaud au creux de son estomac. Qui se réveille doucement à la tombée de la nuit. Vient lui couper le souffle et fait monter ses larmes.

Des regards en coin, une illusion de bienveillance, ou au moins d'anonymat, qui se

Le recoin

dissipe bien vite au crépuscule. Elle quitte son manteau d'hermine, et devient alors un animal de légende. De ceux qui pourraient fasciner s'il ne faisait pas noir. Mais justement, l'obscurité est là, et elle voit le monde autour d'elle baisser les yeux, accélérer un peu plus le pas. Elle voudrait leur dire de s'arrêter. Leur crier de la regarder un instant. Leur peur vient faire écho à ses propres terreurs. L'animal se réveille.

Trouver son coin. Défendre son coin. Poser le sac. En sortir la seule chose qui la rattache encore au reste de l'humanité. Quand tombe la nuit, tous ses trésors se résument à un seul.

C'est son château. Sa chambre à coucher. Son lit. Son matelas et sa couette. C'est un carton. Un petit bout de carton. Un peu effeuillé dans un coin, laissant entrevoir ses ondulations. Une vieille tache de graisse imprégnée au milieu de sa face avant. Un simple carton. Son carton. Toute une histoire.

Quand tant d'autres rentrent chez eux, redeviennent maîtres de leur vie en passant le seuil. Elle a son carton, et cet instinct de propriété boulonné au cœur. Plus un sou, mais une valeur inestimable. Tout petit carton pour une grande histoire. Celle de sa vie, qui se rejoue chaque soir.

Regards

Demain, après une nuit de froid et de peur, à l'aurore, Cendrillon pourra redevenir Aliénor.

Le recoin

Père et fille

L'enfant avançait seule sur la route. Elle allait d'un pas décidé, les yeux au sol, fixés quelques mètres devant elle. Elle allait de l'avant, comme elle avait souvent entendu son père lui dire qu'il fallait faire. Mais son père n'était plus là à présent, et elle mettait en pratique ce qu'il lui avait appris en théorie. Ce n'était pas facile pour une enfant de dix ans. Mais son père y croyait, autrefois. Elle y croyait pour lui, désormais.

Le ciel bleu piqueté de rose la suivait depuis le matin, il ne l'avait pas quittée depuis qu'elle avait laissé derrière elle le quartier où elle était née. Elle n'avait plus aucune attache ici, son père était parti, on lui avait enlevé son père, elle n'était pas d'accord, elle partait, elle allait le reprendre, c'était SON père. Il paraît qu'il avait fait une grosse bêtise, et qu'il fallait l'emmener. A elle aussi ça lui arrivait de faire des bêtises, et on ne l'enlevait pas à son père pour autant. Aussi grosse qu'ait pu être la

Père et fille

bêtise de son père – elle savait que les enfants ne sont pas les seuls à faire des erreurs – il méritait qu'on lui pardonne. Il avait le droit de vivre avec sa fille. Elle avait besoin de vivre avec son père. Maman était partie trop tôt. Son père était roi et reine à la fois, et rien ni personne ne pourrait lui enlever les souverains du royaume qu'était son enfance. Elle allait rétablir la monarchie, celle où elle était princesse chérie des dieux, et de leur dépositaire sur Terre. Son père.

Elle se souvenait du jour où Maman n'était pas rentrée. Au soir, son père l'avait assise sur le plus beau coussin, sur la plus belle chaise. Il lui avait cuisiné son plat préféré, une purée de marrons, et une saucisse braisée. Mais la purée était trop salée, et elle le lui avait fait remarquer en riant. Il avait fondu en larmes, comme un tout petit enfant, et elle avait pris la tête de son père tout contre elle, et elle l'avait bercé, bercé, jusque très tard dans la nuit, jusqu'au petit matin, jusqu'à ce qu'il s'endorme enfin. Il n'avait rien dit, mais elle avait compris qu'à partir de ce jour, de cette nuit, il n'y aurait plus qu'elle. Et lui. C'est pour cette raison qu'en cette belle journée de printemps, elle partait le chercher. Parce qu'elle gardait en mémoire une nuit où ils s'étaient fait une promesse tacite. Jamais séparés. Jamais. Il était temps de tenir parole.

Regards

Elle avait commencé à marcher juste après son petit déjeuner, pris dans cette nouvelle maison qu'elle détestait. Cela faisait deux jours qu'elle habitait là, qu'on l'avait « placée » là, comme disait la dame en tailleur beige. Elle n'était jamais allée nulle part sans son père, elle ne resterait pas ici une minute de plus. Son père ne connaissait pas ces gens, il ne serait peut-être pas d'accord pour qu'ils s'occupent d'elle comme ils le faisaient. De toute façon, c'était à lui de s'occuper d'elle, et à personne d'autre. Et vice versa. C'était ainsi depuis que Maman n'était plus là. Et personne n'avait le droit de changer ça. Personne. Pas même la dame au tailleur, avec sa voix si douce et ses phrases si gentilles. Elle n'avait rien compris, cette dame. Elle avait dit qu'elle serait beaucoup mieux ici. Que tout irait bien maintenant. Mais elle allait très bien, avant qu'on emmène son père. C'était maintenant que ça n'allait pas. Et quand elle se mettait à pleurer, l'autre dame la prenait sur ses genoux, et lui glissait des mots tout mouillés dans l'oreille. Que tout était fini. C'était bien ça qui la rendait si triste. Mais elle était partie maintenant. Elle savait où elle allait, ses pieds le savaient, même si elle ne connaissait aucun nom. Elle y allait. Elle était décidée.

Père et fille

Un jour, son père lui avait appris à nager, dans le petit bain. Maman n'était déjà plus là. Puis d'autres filles étaient venues jouer au ballon avec elle, et son père avait plongé dans le grand bain. Elle avait arrêté de jouer. Elle s'était approchée de l'eau bleutée, aux reflets d'argent. Elle avait regardé son père crawler sur plusieurs longueurs, et elle avait su qu'il en serait toujours ainsi : il lui apprendrait tout ce qu'il savait, et il le ferait avec le plus grand amour et la plus grande patience. Puis il lui montrerait comment il faisait lui, et elle n'aurait qu'une envie, lui prouver qu'elle avait appris. Et compris. Cet après-midi là, elle avait sauté à l'eau, et elle l'avait rejoint. Depuis, ils avaient toujours nagé ensemble. Ce fut pareil pour le vélo. Le piano. L'aïkido. Aujourd'hui qu'il n'était plus à ses côtés, il lui semblait pourtant qu'il la suivait du regard et l'encourageait de la voix. Il lui suffisait de penser à lui pour savoir où aller. Dans le silence de ces rues, son père l'appelait. La guidait. Et elle le rejoignait.

Au soir, alors que le ciel n'était plus qu'un immense incendie, elle arriva devant la grande porte de métal vert, pommelé de taches de rouille. A côté de la porte, une fenêtre s'ouvrit, un képi apparut. Et sous le képi, une grosse moustache brune, et deux yeux malicieux, bienveillants quoiqu'interrogateurs. L'homme lui souriait, et elle se sentit bien, soulagée : elle était arrivée. Elle avait réussi. Son père ne pouvait être que là où des hommes souriaient, rassurants, en la voyant. Plus rien ne les séparerait. Jamais.

On ne devrait jamais séparer un père et sa fille.

Père et fille

Une vie

Elle regarde par la fenêtre. Le jour se lève doucement au-dessus de la colline. Les prés se cachent sous des bancs de brouillard. Le décor est fantomatique, presque irréel. La vitre est froide, et elle savoure d'autant plus la chaleur de son bol de thé fumant.

Tous les matins, c'est le même rituel. Se lever avec le soleil. Sans réveil. Enfiler son vieux pull, glisser les pieds dans ses chaussons déformés par le temps, mais tellement confortables. Se faufiler dans la cuisine, à pas de loup, sans allumer la moindre lumière. Mettre l'eau à chauffer et attendre, les yeux dans le vague, qu'elle fredonne le doux chant d'une pluie d'été sur la rizière. La verser sur les feuilles de thé, lentement, et se laisser envelopper par les volutes odorantes. Respirer profondément, et sentir chaque parcelle de son corps renaître et se remettre en mouvement. Se sentir à nouveau pleinement consciente de ce qui l'entoure. Et se plonger dans la

Une vie

contemplation du paysage chaque jour réinventé, de l'autre côté de la fenêtre.

Elle peut se permettre de prendre le temps. Pas de patron qui la surveille, pas de pointeuse qui la dénonce. Elle a banni de sa vie tout ce qui perturbait son équilibre. S'est séparée sans regret de la télévision et de la radio qui laissaient entrer sans résistance toutes les atrocités du monde dans son salon. Elle a offert son ordinateur à une association pour ne plus subir la pression commerciale des mails publicitaires. Et a depuis longtemps abandonné sa voiture aux herbes folles du fond du jardin.

Elle regarde par la fenêtre, en sirotant son thé fumé, et elle se souvient. Elle n'a pas toujours été ainsi. Il fut un temps, pas si lointain, où sa vie lui paraissait passionnante parce que trépidante. Où rien ne l'effrayait plus qu'un moment d'inaction ou d'ennui. Remplir le vide, par tous les trous. Quand le réveil sonnait, elle était déjà debout depuis longtemps, tirée du lit par une énième insomnie. Elle se coiffait, s'habillait, se maquillait à toute vitesse, comme si sa vie en dépendait. Avalait son café d'une traite, quitte à se brûler, debout devant l'écran, en relevant ses mails. Envoyait un baiser du bout des doigts à son mari tout en franchissant la

Regards

porte, le sac en bandoulière et l'imper sous le bras. Elle courait jusqu'à sa voiture, accompagnée u claquement de ses talons hauts et du tintement de son trousseau de clés digne de celui d'un gardien de prison. Faisait crisser le gravier en manœuvrant, et mettait sa ceinture en même temps. Les infos l'accompagnaient sur le trajet du travail, elle mettait un point d'honneur à être toujours à la page.

Elle menait sa carrière d'une main de fer, se sentait exister quand ses projets aboutissaient. Elle avait de quoi être fière, les promotions s'enchaînaient, ses responsabilités grandissaient. Ils n'avaient pas eu d'enfants, d'un commun accord, car ça demande trop de temps. Mais elle avait des amis, une vie sociale bien remplie. Elle était toujours par monts et par vaux, entre un resto, une ou deux expos, un séminaire ou une avant-première. Elle partageait chaque réussite avec son conjoint, autour d'un bon verre de vin, et reprenait aussitôt le rythme endiablé qu'elle s'était elle-même imposé.

Un soir en rentrant, elle découvrit que son homme était parti. Elle n'avait rien vu venir, et se dit simplement qu'elle saurait rebondir. Le temps du divorce fut prenant, elle géra au mieux les histoires d'argent, sans baisser sa garde un seul instant. Fut vigilante à rester performante, ne s'autorisant pas la moindre défaillance. Mais lorsque le divorce fut prononcé, elle s'effondra. Sans prévenir. Sans y comprendre quoi que ce soit. Incapable de quitter son lit, sa vie s'arrêta. Son patron, autrefois si charmant, ne mit as longtemps à lui trouver un remplaçant. Un homme, parce qu'au moins, ça ne fait pas dans les sentiments.

Cent fois, elle voulut mourir. Cent fois, elle se réveilla malgré elle, se maudissant de ne pas avoir eu le courage d'en finir. Ce n'était pas la solitude qui l'effrayait, mais la disparition de toute ambition. Ses rêves, ses projets n'avaient toujours tourné qu'autour de cet unique objectif : sa réussite. Et elle était maintenant sans travail, sans mari, sans rien qu'elle puisse regarder en se sentant valorisée. Seule face à elle-même, elle commençait doucement à vouloir simplement être heureuse, mais n'avait pas la moindre idée de comment y arriver.

Elle ne se souvient plus très précisément de cette traversée du désert. Se rappelle simplement s'être un jour levée, et avoir recommencé à marcher. C'est à ce moment qu'elle a fait du tri, dans ses affaires comme dans sa vie. Elle a peu à peu appris à s'épargner, à identifier soigneusement ce qui comptait. Elle a appris à vivre. Elle ne recherche plus l'admiration, ni l'approbation. Elle ne ressent

Regards

plus le besoin d'exceller pour exister. Elle a décidé que courir ne l'aiderait pas à sourire, et que la pression était désormais interdite dans sa maison.

Tous les après-midis, quel que soit le temps, elle va marcher. Elle déambule, au hasard des chemins. Passe dire bonjour à quelques commerçants, puis reprend sa route, le nez au vent. Elle a toujours son vieux jogging, ses tennis fluo du temps de ses footings hebdomadaires. Mais elle marche tranquillement, quelques mèches folles et décolorées s'échappant de son catogan. Elle n'y prête pas attention, se concentre sur sa respiration, la consistance de l'air quand il s'engouffre dans ses poumons, l'odeur des feuilles et des champignons, le chant des oiseaux, celui du ruisseau.

Certains, quand ils la croisent, changent de trottoir. Elle paraît tellement différente, tellement ailleurs. Et si c'était contagieux ? Dangereux ? Elle s'en moque, elle ne remarque même plus ces regards en coin, ces messes basses quand elle passe. D'aucuns vous diront qu'elle a tout perdu. Elle sait qu'elle s'est enfin trouvée.

Une vie

Pour toujours

L'odeur des feuilles de tomates. Verte, piquante, titillante. Le jardin nous appelle, mon amour. Le soleil à travers les persiennes. Chaud, enveloppant, rassurant. Il est temps de sortir, plier les genoux, courber le dos, plonger nos mains dans la terre. Cueillir quelques tomates. Vertes. Faire de la confiture, ce soir à la fraîche. Il est temps de sortir, le jardin nous appelle, mon amour !

Mon amour dort, sur son fauteuil. Serein, imperturbable, inatteignable. La tête dodelinante, le souffle lent. Discret, fluet, fragile. Réveille-toi, mon amour ! Le jardin avec toi. Ensemble, chacun à sa tâche, mais ensemble. Biner, semer, arroser, effeuiller, cueillir, aimer. Ensemble. Le jardin nous appelle, réveille-toi, mon amour !

Le silence dans la maison. Epais, calme, palpable. Pas de cris, pas de haussement de voix.

Pour toujours

Tranquille, ralentie, endormie. La maison dort, tu dors avec elle, mon amour. J'aimerais tellement sortir, bronzer, courir, sauter, simplement jardiner. Je ne te réveillerai pas, mon amour !

Dans mon fauteuil, moi aussi. Eveillée, attentive, aux aguets. La vie m'appelle, mon amour. Les raies de soleil sur ma couverture. Gaies, chatouillantes, provocantes. Qu'attend-on, mon amour ? Le monde est en vie, derrière les volets. Le chant des oiseaux, le vent dans les feuilles, les rires des enfants, les cris des voisins, le ronronnement des tracteurs. La vie nous appelle, qu'attend-on, mon amour ?

Et pourtant ... Pourtant, mon cœur sans toi ne pourra me porter au jardin. Pourtant, tes jambes sans moi ne sauront faire guère mieux, n'est-ce pas, mon amour ? Les persiennes tirées me rappellent que nos forces doucement nous ont quittés. Entends les rires des enfants, mon amour ! Nos forces sont là, de l'autre côté de la porte, de l'autre côté du jardin. A l'autre bout de la vie, mon amour.

Et pourtant. Pourtant, je rêve encore de voyages, avec toi. Pourtant, tes mains dansent encore aux premières notes de polka. Nos têtes sont vaillantes, nos esprits ont vingt ans, et mon amour pourrait en durer encore cent !

Avec ou sans force. Avec ou sans soleil. Avec ou sans jardin. Ta présence, à mes côtés. Tu es là, mon amour ? Avec ou sans santé. Avec ou sans voyage. Avec ou sans danse. Ensemble, chacun dans son fauteuil, mais ensemble. Tu es là, je suis là, mon amour, pour toujours !

Pour toujours

Ma bulle

La porte s'ouvre, et la tête avance vers moi. Elle approche doucement, sans un bruit. Les commissures de ses lèvres font de petits plis qui remontent, et ça met comme des paillettes dans ses yeux. Les mains se tendent vers moi, « Debout ». Je regarde ces mains tendues, ces bras ouverts. Elles ont de longs doigts, très fins. Et des ongles tout rongés au bout. Un bracelet brille doucement à la lueur de ma veilleuse. Je touche les mailles argentées, les fais rouler doucement sur son poignet. La main recule, un peu brusquement. « Non, j'ai dit Debout. » Elle me saisit. Ça serre, ça me tire hors du lit, ça me force à poser les pieds au sol. J'ai peur, je crie.

Par terre, c'est froid. C'est marron, plein de stries, c'est rugueux sous mes pieds. Mais je connais bien. Je me mets en boule dans le coin. Je compte les rainures du plancher. Encore, et encore. Du bout des doigts, jusqu'à ce que ma main soit trop loin.

Ma bulle

Jusqu'à ce que ça tire trop dans le bras. Alors je me replie, et je recommence. Il y a toujours ces pieds, juste là. Juste un peu trop loin pour que je puisse les toucher. Juste un peu trop près pour que je sois complètement rassuré. Je compte les rainures, encore et encore. Du bout des doigts, et de tout mon cœur.si je le fais bien, suffisamment concentré, assez longtemps, les pieds finiront par disparaître. Et ma peur avec.

« - Il a encore refusé de se lever. Il est prostré dans un coin de sa chambre, et il caresse le parquet …
- Mais, tu lui as parlé ?
- Evidemment que je lui ai parlé ! Tu me prends pour qui ? Mais ça ne change rien. Tous les matins, c'est la même chose, tu le sais très bien. Tu n'as qu'à y aller, toi, si tu sais si bien y faire avec lui ! »

A nouveau des pieds, là, juste à côté cette fois. D'autres pieds, mais je les connais aussi. Et la grosse voix qui dit « Allez, ça suffit maintenant, debout. Et viens manger ! » Je n'écoute pas vraiment. J'aime bien cette voix. Elle est plus rocailleuse, plus directe. Mais moi, je n'ai pas fini de compter. Je ne peux pas me laisser distraire, sinon je ne saurai pas si j'ai le bon nombre de rainures. Et

Regards

si elles ne sont pas toutes là, si je ne vérifie pas, comment être sûr que tout va bien, comment savoir si rien n'a changé en mon absence, si rien ne bouge à chaque fois que je disparais ? Ma gorge vibre, du bruit sort dans mes oreilles. Je fredonne. Ça cache un peu la grosse voix. Assez pour que je me remette à compter. Ça va mieux.

Mon corps bascule vers l'avant. J'ai perdu le fil. Je hurle, cette fois-ci. « Mais calme-toi, c'est moi, ce n'est que moi ! » Encore la grosse voix. C'est toi, très bien, mais moi, je tombe en avant, les pieds se sont rapprochés, je n'ai pas fini de compter, une main s'approche en face de moi. Mais où est l'autre ? Ça va toujours par deux, des mains. Alors où est l'autre ? Je lève les yeux. Et me voilà soulevé de terre, tout près de ces grands yeux sombres, et de ces poils qui picotent. Enserré dans l'étreinte de deux bras forts. J'ai beau crier, j'ai beau me débattre et taper, je ne touche plus le sol, ni les murs. Les poils me grattent l'oreille. « Calme-toi, ce n'est que moi. On va manger, c'est l'heure de manger. » Manger ? D'accord, je me calme.

« - C'est ça que tu appelles y aller en douceur ? Le contenir ? Le porter jusqu'à la cuisine ? De force ?

Ma bulle

- Je le contiens parce que ça le rassure. Je l'amène à la cuisine parce qu'il faut bien qu'il mange. Et on ne va pas lui donner son petit déj' dans une gamelle dans sa chambre, quand même, si ?
- Non, bien sûr que non ! Mais je ne sais pas, je ne sais plus … Il doit bien y avoir un moyen, une solution. Pour qu'il nous regarde, au moins. Qu'il ne hurle pas à chaque fois qu'on le touche … »

Les deux voix sont là. Et leurs bouches avec. De chaque côté de la table. La grosse est toujours grave, mais pas trop forte. Calme. Elle pourrait me bercer, m'endormir. Il faut que je reste vigilant, je pourrais me faire avoir. Je pourrais encore disparaître à cause de cette grosse voix. Heureusement, il y a l'autre. Elle est plus aigüe, plus sèche. Et surtout, elle n'est pas stable, elle monte, monte, elle crie, et puis elle s'effondre, elle n'est plus qu'un murmure, elle est entrecoupée de silences. Et soudain, il pleut sur la table, à côté de mon paquet de céréales. La grosse voix et les poils qui piquent font le tour de la table. Je me replie sur ma chaise. Je ne veux pas encore voler. Mais la grosse voix s'arrête à côté de l'autre. Et la prend dans ses bras. C'est bon, cette fois, ce n'est pas pour moi. Je peux me détendre, et manger.

Regards

Les céréales, j'aime bien. Ça n'a jamais tout à fait la même forme, mais ça se ressemble quand même. Je peux les prendre, les aligner. Les regrouper par tas, le tas des grosses, le tas des petites, le tas des cassées, le tas de celles qui ont une bosse. Et encore les aligner. Et les compter. Après, je peux aussi les goûter. J'ouvre grand la bouche. Il faut faire « Aaaaaaah » comme chez la drôle de voix avec la blouse blanche que je n'aime pas. Bref. J'ouvre la bouche. Je pose une céréale sur la langue. Au milieu. Je rentre la langue, et je ferme la bouche. Dans cet ordre, sinon ça fait mal. Et là, je ferme les yeux et je regarde dans ma bouche. Finalement, ça n'a pas toujours tout à fait le même goût, ça ne craque pas exactement pareil, même quand ça vient du même tas. Alors je peux faire des petits tas dans chaque tas. Et les compter, les comparer. C'est pour ça que j'aime bien manger. J'ouvre la bouche, je prends la céréale. Elle a changé ! Je la regarde intensément.

« - Noooon mais c'est pas vrai ! Regarde, il recommence ! Il ne mange rien, il joue !

- Mais si, il en mange un peu quand même ...

- Tu lui trouves toujours des excuses ! Mais regarde, regardes ! Comment veux-tu qu'on sorte, comment veux-tu qu'on invite des amis, ou qu'on se fasse un resto ? C'est tout bonnement impossible ! Et moi, moi, je sais que ça n'est pas bien, que ça n'est pas acceptable, mais j'en peux plus, t'entends ? J'EN PEUX PLUS ! » »

    Par chance, j'ai beaucoup à faire avec mes céréales. Ça m'occupe l'esprit, ça m'occupe les mains. Ah oui, parce que j'ai des mains qui m'obéissent. Ça m'épate parfois. Bref. Je suis occupé, et c'est bien, parce que les deux voix font de plus en plus de bruit, et remuent dans la pièce. Parfois je les vois passer devant moi, elles font disparaître une bouteille dans le frigo, et puis hop voilà qu'elles disparaissent elles aussi, et pourtant je les entends encore. Ça, ça m'angoisse, vraiment. Tous ces bruits, toutes ces voix, qui vont, qui viennent, qui surgissent de nulle part, qui passent leur temps à jaillir quand je ne m'y attends pas, et à s'évaporer quand je commence à m'y faire.

    C'est pour ça que j'aime bien mes mains. Elles aussi elles peuvent se volatiliser, et ressurgir l'instant d'après. Mais seulement quand je le décide. Je peux passer quelques instants sans les voir, mais c'est vrai que je préfère quand elles se montrent. Alors je peux les garder longtemps devant moi. Les promener sur le plancher, sur la table, la couverture. Les faire jouer dans l'eau, ou dans ma bouche. Les secouer et les tourner juste devant moi. Longtemps. Longtemps. Longtemps ...

« - Et voilà, encore ses jeux de mains ... Il me fait presque peur quand il fait ça.
- Vous voyez, docteur, plus le temps passe, plus il s'enferme. On a beau faire, on n'arrive à rien. On a besoin d'aide maintenant, ça devient urgent. Pour lui, et pour nous ...
- J'entends vos remarques, Monsieur, et je comprends la saturation de Madame qui vit cette situation au quotidien, mais ...
- Mais rien du tout ! Qu'est-ce que vous en savez, vous, de mon quotidien, hein ? De mes angoisses dès que je le quitte des yeux une seconde, et de cette fichue culpabilité qui me bouffe à chaque fois que je le regarde ? Qu'est-ce que vous en savez ?!
- Effectivement, je ne vis pas votre désarroi, mais je l'entends. Et quoi qu'il en soit, il faut que vous compreniez que vous n'êtes pas les seuls dans cette situation. Des autistes comme votre fils, il y en a des milliers. Mais d'autres parents vivent avec des enfants encore plus lourdement touchés que le vôtre, depuis plus longtemps, et dans des situations familiales autrement plus complexes. Et il n'y a pas de places pour tout le monde. Les

listes d'attente sont longues, il faut absolument que vous le compreniez.
- Mais il a dix ans … Déjà dix ans … »

Je regarde Grosse Voix et Petite Voix, et aussi Drôle de Voix en blouse blanche. J'entends mais je ne comprends pas. Grosse Voix tient Petite Voix dans ses bras, et Petite Voix fait tomber de la pluie entre ses doigts. Drôle de Voix me regarde, moi. Et moi, je fais papillonner mes mains devant mes yeux. Longtemps. Longtemps …

Embruns

Il regardait par la fenêtre. Cela faisait bientôt deux heures qu'il avait posé le front contre le carreau froid. Deux heures qu'il essuyait régulièrement la vitre envahie de buée. Pourtant il aurait pu être là depuis un instant à peine. Ou toute une vie. Le temps était suspendu, là, dans ce décor en perpétuel mouvement, et cependant si immuable.

La pluie fine, sans interruption depuis l'aurore grise, avait balayé la grève. En douceur, elle avait caressé la jetée. S'était faufilée entre les galets. Le vent soufflait. Il donnait de la voix, là, juste de l'autre côté de la fenêtre. L'enfant pouvait presque le toucher. Le vent était un ami. Il faisait rire la mer. Quand la mer rit, la crête des vagues se couvre d'écume. Ce jour-là, la mer riait sans s'arrêter. Un rire chantant. Une vraie musique. Une berceuse. Il se laissait emporté par le spectacle. Envoûté.

Embruns

Une femme apparut. Sur la plage. Elle ne faisait qu'un avec le vent, la pluie, les galets et la mer. L'enfant la suivit du regard. Perplexe. Dans son long manteau, face à la mer, elle s'était arrêtée. Et c'était comme si elle avait toujours été là. Toujours. Depuis neuf ans qu'il vivait ici. Depuis neuf ans qu'il vivait. Face à la mer.

Ses cheveux noués, mouillés, restaient lovés le long de son col. Seules quelques mèches folles jouaient avec le vent. Elle devait avoir les yeux gris. Comme la mer. Elle devait chanter. Comme elle. L'enfant l'entendait presque. Elle était là, elle regardait, elle écoutait, elle vivait la tempête. Elle était. Elle semblait si forte face aux éléments. Seule. Debout. Sur la plage. Les vagues même venaient s'incliner à ses pieds. Elle régnait.

Et pourtant. Il faisait froid. L'enfant vivait ce froid. Comme s'il était devenu le vent insidieux qui se glisse dans l'ouverture de la manche. Tel la goutte de pluie qui ruisselle le long du cou. Cette vaguelette qui se joue du soulier, et repart en laissant le pied humide, salé et glacé. L'enfant prenait conscience du froid en la voyant, elle, dans ce décor qu'il avait appris à aimer. La femme avait froid. Et elle était là, si seule, si éphémère face à cette immensité, cette éternité.

Regards

C'est alors qu'il est arrivé. Lui. Tout aussi fragile. Tout aussi perdu. Tout aussi mouillé. Tout aussi gelé. Il n'a pas dit un mot. Il s'est placé tout contre elle. Contre son dos. Il l'a entourée de ses bras. Il a posé le menton sur son épaule. La pluie continuait de tomber. Le vent de siffler. La mer de jouer.

Mais l'enfant vit que tout était changé. Ils étaient si solides. Tous les deux. Ensemble. Face à l'eau, au sel et à l'air qui cherchaient à les effrayer. Ils restaient là. Enlacés. Malgré la pluie, le vent, la mer. Et il faisait chaud soudain. Cela sentait bon le bois ciré, la laine cardée. Cela sentait le feu dans la cheminée. L'enfant l'entendait crépiter. Il le voyait rougeoyer. Il faisait si bon tout à coup. Cela avait l'odeur de la tendresse. Du bonheur absolu. L'odeur d'un amour que rien n'effraie. Jamais.

L'enfant savait. Il savait que tant que ces deux-là seraient côte à côte, ne serait-ce que par la pensée, ils pourraient tout surmonter. Les moindres grains. Les pires tempêtes. Ces moments où les tentations voudraient nous faire oublier qui l'on aime. Ils pourraient tout surmonter. Parce qu'ils s'aimaient. Face à la mer. D'un amour éternel. Comme la mer.

Et l'enfant comprit enfin. Que depuis des années, c'était l'histoire de tous ceux qui leur avaient ressemblé, leur ressemblaient et leur ressembleraient, c'était cette histoire que la mer lui chantait.

Prendre le large

Le fleuve sinue lentement dans le creux du vallon. Des vagues de brume, de loin en loin, s'élèvent au-dessus de l'eau et enveloppent les berges. Les feuilles roussies, les sillons de terre fraîchement retournée rappellent que l'automne est arrivé. Debout sous le porche, il suit le tracé du fleuve des yeux. Il laisse errer son regard avec le courant, sur les bocages alentours, les quelques troupeaux épars qui s'abritent sous les arbres partiellement dénudés. Certains détails du paysage lui suggèrent que tout fonctionne mieux au moins à deux, si ce n'est à plusieurs, et que lui est seul. Seul depuis toujours. Même quand il était entouré de sa famille. Emmuré dans ses pensées. A une exception près.

Il écrase dans le pot de géraniums son mégot à peine fumé, et remonte la fermeture éclair de son blouson. Il expire lentement, et s'abandonne quelques instants à la contemplation de la buée provoquée par son souffle chaud dans l'air frais du matin. Resserre les lacets de ses chaussures, et se dirige vers les vignes à flancs de coteaux. En cette saison où les citadins parlent de nature morte, et se réfugient bien à l'abri derrière leurs écrans de télévision, lui doit préparer l'avenir. Tailler les sarments à mi-mollet, se courber sur les pieds, tenir fermement les cisailles pour couper le bois net, sans le mâcher. Il devrait porter des gants. Le chef d'équipe le lui répète bien assez, d'ailleurs. Mais rien ne vaut la précision d'un geste à main nue, même si cela implique des risques. Son auriculaire gauche en a fait les frais l'an dernier. Qu'importe : on ne change pas du jour au lendemain des pratiques ancrées dans le corps depuis l'enfance.

Il a vu ses parents s'échiner aux vignes quand il était môme, était bien plus souvent dans leurs pattes que devant un tableau noir, à toucher à tous ces outils interdits. Le responsable de culture était un homme à la barbe blanche, le teint buriné par les travaux en extérieur. Il semblait bourru au premier abord, sec et piquant comme les accords un peu verts d'un vin de pays. Il se souvient surtout de ses doigts noueux, aux articulations gonflées par l'arthrite, mais toujours vaillants. Pourtant, c'était un homme d'une bienveillance rare, qui l'avait pris sous son aile alors qu'il n'était qu'un adolescent mal dégrossi, empêtré dans son échec scolaire, ses bêtises en tous genres, et ses misères familiales.

Il refait pas à pas, pied après pied, les gestes qu'il a appris de ce maître. Alors qu'il rejetait l'école et ses préceptes dénués de sens, et qu'il mettait à mal tous les cadres que la société cherchait à lui imposer, cet homme lui avait enseigné la valeur du travail, l'importance de l'effort, et la fierté de la tâche achevée. Au cœur de la nature, et sous le regard exigeant de ce professeur, il avait accepté la rigueur, la discipline, et l'humilité face à la vigne qui a toujours le dernier mot, face aux saisons qui imposent leur rythme et contraignent à répéter les mêmes gestes, année après année.

Il avance entre les rangs, en suivant la pente, les pieds ancrés dans l'aubuis. Il sait qu'il a le même caractère que le sol qu'il foule. Dur, rocailleux. Il semble difficile d'accès, ombrageux. Le regard sombre. C'est la vigne qui l'a fait tel qu'il est. Broyé par ce père que le châtelain payait en bouteilles, ignoré par cette mère qui fermait les yeux et buvait de concert pour tenter d'oublier les fins de mois pénibles. Il a haï ce vignoble au moins autant qu'il a appris à l'aimer. Mais il lui colle désormais au cœur comme à ses chaussures. Il l'a fait se révéler. Il avait tant voulu prendre le large, suivre le fleuve et ses péniches et ne plus jamais revenir sur ses pas. Il ne savait pas comment s'y prendre, n'avait pas osé partir.

Et son mentor l'avait aidé à comprendre. Qu'il avait sa place ici. De l'or rouge entre les mains. Du sang frais dans les veines. Et surtout, que c'était avec sa vie d'alors qu'il devait rompre, et non avec sa terre. Grâce à lui, aujourd'hui, il avance entre les rangs, silencieux, concentré, dans la fraîcheur de ce matin d'automne. Il est seul, mais parce qu'il l'a choisi. Il n'a pas pris le large, au contraire, il a soigneusement arrimé ses amarres au port, pour ne plus subir les assauts des courants dévastateurs du passé. Et taillant les sarments, il prépare sereinement l'avenir.

Piste rouge

L'appartement se réveille doucement. Lucas sifflote déjà sous la douche, Camille bougonne, la tête sous l'oreiller, Gaël fait griller le pain de la veille, et l'eau commence à bouillir sur le feu sous le regard vigilant de Colin. Gaëtane se retourne sous la couette. Il fait si bon au fond du lit. Sa place est creusée, c'est glacé tout autour, et elle se sent à l'abri de tous les dangers dans ce petit coin de mousse, de drap et de plumes.

Mais l'odeur du café chaud et du pain grillé est la plus forte, et bon gré mal gré, les filles se lèvent, enfilent chaussettes et sweats informes, et se traînent jusqu'au salon – salle à manger. Les garçons ont bien fait leur boulot pour une fois : il ne manque que le Nutella pour que la table du petit déj soit parfaitement dressée. La radio remplit son office et occupe l'espace sonore tandis que les cinq amis déjeunent dans un silence quasi religieux. Gaël finit le premier son café et se précipite, l'air

Piste rouge

roublard, dans la salle de bain, suivi de près par Colin.

Puis vient le tour de Gaëtane, et Camille frappe, tambourine à la porte, pour faire accélérer le mouvement. Comme s'il était nécessaire de se maquiller pour aller skier ! Lorsqu'enfin tout le monde est prêt, c'est le branle-bas de combat, et les cinq jeunes se débattent allégrement dans leurs combinaisons fluo, skis sur l'épaule, du moins autant que possible, jusqu'aux télécabines. Il ne fait pas vraiment froid ce matin, mais il semble que les canons à neige ont fonctionné dans la nuit : la journée promet d'être excellente.

Pendant la montée, c'est le grand débat matinal : par quelle piste commencer ? Les filles sont pour la remise en jambes en douceur : l'Ours, une piste bleue à travers les sapins, toujours bien enneigée, jamais verglacée, le rêve des débutants ... et des endormies. Mais leurs deux cousins et Colin ont l'art et la manière de convaincre. En véritables avocats du « bien skier », ils défendent avec force arguments leur piste de prédilection, l'Edelweiss, une gentille petite rouge sans difficulté majeure, atteignable en quelques remontées mécaniques, et toujours vide à cette heure de la journée. Camille et Gaëtane, dont seule l'horreur des pistes bondées surpasse la flemme intégrale, finissent par céder aux plaidoiries de leurs compagnons.

Arrivées au sommet, elles sont bien obligées de reconnaître la justesse du choix de Lucas, Gaël et Colin. Le soleil baigne la vallée d'une lueur timide, et semble avoir peur de réveiller la ville endormie que le brouillard s'empresse d'ailleurs de protéger de ses limbes blancs. Le paysage est féérique, et tous les cinq restent muets devant ce spectacle qui ne paraît se donner que pour eux. Mais déjà la jeunesse et l'ardeur des garçons l'emportent sur la poésie du décor, et ils s'élancent. La majesté des montagnes qui les entourent leur donne l'impression d'être invincibles, les virages s'enchaînent sans la moindre difficulté, soulevant de fins nuages de neige comme une traîne d'hermine sur le manteau d'un roi.

Gaëtane et Camille suivent, plus réservées, plus soucieuses d'ancrer dans leur mémoire ces instants magiques, mais à l'instar de leurs cousins, elles finissent par accélérer le rythme, et se laissent enivrer par le vent froid qui gifle leurs joues rosies.

Au bas de l'Edelweiss, juste avant la pise suivante, les jeunes s'arrêtent sur un méplat surplombant la falaise et le glacier crevassé vieux de plusieurs millénaires. Le soleil, maintenant plus haut dans le ciel, se reflète sur la glace vive et éblouit les cinq paires d'yeux envoûtés par la blancheur scintillantes à quelques mètres en dessous d'eux. Un simple échange de regards entre les quatre cousins suffit, et Colin chute, violemment poussé, sans un cri, stupéfait, tombe, toujours plus bas, toujours plus vite. Puis comme par magie il s'engouffre, désarticulé, avec skis et bâtons, dans l'une des plus grosses crevasses, de celles qui semblent ne jamais vouloir finir, sans faire entendre le moindre bruit, sans laisser la moindre trace du crime qui vient d'être commis. Et les cousins repartent, insouciants, souriants.

Voici que les quatre lurons forment un semblant de ballet sur la piste déserte, un carrousel des neiges, ils s'entrecroisent, font se succéder godille et larges virages, petits sauts et prises de quart qui soulèvent de grandes gerbes de poudreuse. Lors d'un virage à la lisière de la forêt, Gaëtane passe à vive allure sur un perce-neige qui se retrouve enseveli.

Un peu plus bas, ils calment le jeu, car ils arrivent sur des pistes plus fréquentées et leur façon de skier, quoique spectaculaire, n'en est pas moins dangereuse s'ils ne sont pas seuls. Ils

Regards

enchaînent tout au long de la journée des pistes rouges et noires, de celles qu'ils aiment tant parce qu'ils peuvent y tutoyer leurs limites et les repousser toujours plus loin. Lucas, Gaël, Camille et Gaëtane ne sont pas inconscients mais fougueux, c'est certain, et les voir évoluer sur la neige fraîche est un plaisir pour les yeux et les oreilles. Le doux chuintement des skis sur la neige damée, ce crissement lorsqu'ils passent brièvement sur une plaque de verglas, le rire libéré de Camille après un mur un peu ardu, le sourire de Gaëtane sur une bosse bien appréhendée, les clins d'œil de Gaël et Lucas après un chassé-croisé imprévu qui s'est finalement bien terminé. Toute la journée défile ainsi, dans une entente et une complicité qui semblent ne devoir jamais s'achever.

* * *

Gaëtane se réveille en sursaut et s'assoit, fébrile, dans le lit. Marc, à ses côtés, ouvre difficilement les yeux, se redresse, et l'entoure de ses bras. Les lèvres de sa femme tremblent, son regard est perdu dans l'obscurité de la chambre. Il n'aime pas quand cela lui arrive : elle est tellement désemparée, et il ne sait que faire pour l'aider.

« - Que se passe-t-il, Gaëtane ?

Piste rouge

- Oh Marc, mon ange, je l'ai encore fait, ce rêve, toujours le même ...
- Quel rêve, mon amour, quel rêve ?

- Tu sais, il y a vingt ans, j'ai écrasé un perce-neige. »

Sa vie d'avant

C'est une jeune femme comme les autres. Un travail, des enfants, un homme. Des copines. Une voiture, des animaux, une maison. Un jardin. Plein de petits bonheurs au quotidien. Et plein de ces petits tracas qui sont le revers du bonheur.

Le temps passe, et montent les angoisses. De celles qui vous restent dans la gorge, au bord des cils, de celles qui vous réveillent la nuit. Solitude malgré la vie bien remplie. Un travail et pourtant toujours moins d'argent pour finir le mois. Des enfants qu'elle aime, mais qu'elle ne comprend plus. Qui ne la respectent plus.

Elle perd le fil de sa vie, petit à petit. L'envie de se battre n'est plus. La joie de vivre elle aussi a disparu. Reste l'envie toute simple. Qui la ronge, la dévore. A défaut de vivre sa vie, elle regarde celle des autres. Et monte la jalousie. Qui ne la quitte plus. Cette sensation de mal-être l'envahit.

Elle a faim. Mais pourquoi ses voisins peuvent-ils faire une barbecue entre amis, et pas elle ? Elle a froid. Mais pourquoi cette maman d'élève a-t-elle ce splendide blouson en cuir, et pas elle ? Elle est en panne. Mais pourquoi ce jeune roule-t-il en grosse cylindrée, et pas elle ? Elle pleure. Mais pourquoi ces amoureux se sourient-elles sous la pluie, et pas elle ? Pourquoi les autres ont-ils tout ? Et pas elle ? Pas elle ? Pas elle !

A force de rêver de la vie des autres, la sienne n'a plus aucune saveur. Son fils lui ramène une bonne note, elle ne regarde même pas le cahier. Son fils se blottit dans ses bras sur le canapé, elle le repousse car elle a trop mal au ventre. La maison devient un refuge, à l'abri des agressions du monde. Puis une prison, la preuve à chaque pas que sa vie ne vaut rien.

Aux autres, elle donne l'image d'une jeune femme courageuse. Qui mène bravement sa barque malgré les aléas et les mauvaises fortunes. Elle a encore un peu de fierté. Pourtant, même sa carapace-là commence à se fissurer. Elle laisse échapper. Des mots d'envie. De jalousie. Les autres s'étonnent, relativisent, sourient. Puis s'éloignent, se lassent, et plus d'amis.

Alors elle se renferme encore un peu plus. Et rêve. Rongée par les remords, les regrets. Et si ? Si elle avait fait d'autres études ? Pu choisir un autre métier ? Et si ? Si elle ne s'était pas mariée ? N'avait pas divorcé ? Et si ? Si elle n'avait pas eu d'enfants si jeune ? Pas eu d'enfants du tout ? Et si ? Si elle avait eu une autre famille ? Une autre vie ? Et si ? Si sa vie avait été complètement différente ? Si sa vie avait ressemblé à celle d'avant, quand elle était enfant ?

Dévorée par son monde imaginaire, où chacun ne fait que ce qu'il lui plaît, elle se laisse couler sans même chercher à nager. En y croyant vraiment, Alice espère retrouver l'entrée du Pays des Merveilles.

Sa vie d'avant

Mélodie

Il était une fois une petite fille seule dans sa chambre sombre, très sombre. Elle était un peu triste, un peu inquiète, elle se posait beaucoup de questions, et ne trouvait pas de réponses. Elle regardait le monde des grands avec ses yeux d'enfant, et trouvait bien trop souvent que ça ne tournait vraiment pas rond. Elle observait ses parents, tendres et aimants, et pourtant toujours nerveux, l'air absent. Ils se tuaient à la tâche, leurs journées étaient longues, harassantes. Quand le soir arrivait, ils étaient épuisés. N'avaient plus l'énergie de lui parler, de jouer avec elle. Quand elle leur demandait pourquoi ils ne prenaient pas plus le temps, il répondaient invariablement « Tu comprendras quand tu seras plus grande », et quand elle se relevait la nuit et les découvrait assis à la table, soucieux au milieu des piles de papiers, la calculatrice à la main, elle savait déjà ce qu'elle allait entendre. « Retourne te coucher, ce sont des affaires de grands. »

Mélodie

Elle était un peu triste, un peu inquiète, se posait beaucoup de questions, et n'aimait pas leurs réponses. Elle avait peur de grandir, peur d'oublier comment sourire. Elle se demandait si ça valait vraiment le coup, si elle avait envie d'une vie comme la leur, d'une vie qui marquerait de grands sillons sur ses joues. Et dans sa chambre sombre, seule, elle ne posait plus de questions à personne, parce qu'elle voyait trop de douleur dans les yeux de ses parents. Elle est devenue silencieuse, discrète, secrète. Mais elle avait toujours peur.

Un soir, posée sur son lit, elle découvrit une guitare. Elle ne demanda pas d'où elle venait, ne savait pas qui remercier, n'avait pas vraiment envie de le savoir. Elle resta de longues soirées à l'observer sous tous les angles, à la caresser, la cajoler. Elle s'émerveillait des effets de lumière sur le bois doré. Elle laissait glisser ses doigts sur le dos du manche, jouait avec la mécanique bien huilée. Elle aimait comme ses courbes épousaient parfaitement la forme de ses jambes, et comme ses mains trouvaient naturellement leur place. Elles s'apprivoisaient l'une l'autre, en silence, en douceur, en secret.

Puis elle commença à la faire chanter. Elle écoutait les notes s'envoler dans la chambre, sentait

Regards

la guitare vibrer contre elle, et elle s'autorisait à nouveau à parler. Elle lui murmurait des mots doux, des mots tendres, elle fredonnait qu'elle avait eu raison d'attendre, et que c'était bon, si bon de l'entendre. Cela lui prit des mois, des années. Mais au fil de ces soirées, elle s'était fait une amie. Ensemble, elles avaient grandi, mûri. Et surtout, elle n'avait plus peur. Plus de tristesse. Plus de questions sans réponse. Car au moindre tracas, la guitare était là, et elle chantait pour la petite fille.

Des années ont passé, les choses ont changé, ses parents sont partis, elle a construit sa propre vie, mais ces deux amies ne se sont pas quittées. Et quand vient le soir, lorsque tombe la nuit noire, elles se racontent toujours des histoires ...

Mélodie

Origines

Comme tous les dimanches, il fait monter Achille dans le coffre, et prend la route. Le chien est calme, allongé sur sa couverture. Il ne fait pas un bruit. On n'entend que le chuintement des essuie-glaces sur le pare-brise. Il roule doucement, tranquillement. Sa voiture est hors d'âge, et il ne fait que le strict nécessaire pour qu'elle continue de le transporter au gré de ses besoins. Il n'a jamais été accroc aux automobiles, ni à la vitesse. C'est juste un instrument au service de sa liberté de mouvement. Dans une heure, il sera arrivé, et il pourra profiter. En attendant, il conduit prudemment, attentif à la route, et s'interdisant de penser à quoi que ce soit d'autre.

Une fois garé sur le parking au pied des remparts, il sort lentement, dérouille en quelques mouvements ses muscles engourdis par la semaine de travail et l'heure de quasi immobilité. Puis il fait descendre Achille qui lui aussi va se dégourdir les pattes quelques instants avant de revenir s'asseoir à ses pieds, attendant la laisse et le début de la balade. Ils commencent toujours par longer la rivière. S'arrêtent pour regarder la progression des travaux de rénovation du moulin à aube. Puis repartent en suivant le fil de l'eau, en direction de la grande porte.

Depuis qu'il a effectué ses recherches, il aime venir arpenter les ruelles étroites de ce village. Il connaît chaque pavé, chaque colombage comme s'il les avait posés. A défaut d'en connaître suffisamment sur sa propre histoire, il connaît celle du bourg par cœur. Il n'étale cette culture devant personne, mais il pourrait pour chaque maison nommer l'architecte qui l'a dessinée, le compagnon qui l'a construite de ses mains et dont on voit la signature gravée sur la pierre. Il se promène dans les rues en se remémorant les anecdotes, les fiertés et les drames qu'il a fait siens au fil de ses lectures d'archives. Il se récite les arbres généalogiques soigneusement reconstitués à partir des registres d'état civil. Il est devenu expert sur ce village et son histoire, à force de chercher à comprendre la sienne.

Il n'a pourtant pas l'air d'un savant, pas plus que d'un marginal d'ailleurs. C'est juste un homme

Regards

banal. La quarantaine, en jean et tennis, polo ou veste selon la saison. Les cheveux grisonnants, coupés courts. Le regard gris qui vous passe dessus sans vous voir vraiment, et semble ne s'intensifier que lorsqu'il se pose sur les antiques façades de ce village médiéval. Et son chien, gris lui aussi, imposant et pourtant sage, discret, dans l'ombre de son maître. Ils habitent les rues du village tous les dimanches comme s'ils faisaient le tour du propriétaire, mais tout en discrétion et humilité.

Il connaît les noms des rues, ceux de maintenant, mais aussi les précédents. Il sait le nombre d'habitants de chaque demeure, leur nom, ceux de leurs enfants. Il en fait la liste tout en avançant vers la place centrale. Elle est pleine de charme, avec ses arcades, ses terrasses de bistrots et ses vitrines chargées de bibelots. Il va s'asseoir sur la margelle de la fontaine, plonge le bout de ses doigts dans l'eau glacée. Respire profondément, pour calmer son cœur qui s'emballe. Se répète encore une fois que c'est déjà bien de savoir tout ça. De pouvoir venir se ressourcer ici, se construire un peu plus à chacun de ses pas.

Il retourne à sa voiture, fait monter Achille dans le coffre. Démarre doucement, et regarde dans le rétroviseur les remparts s'éloigner. La semaine prochaine, il reviendra arpenter les rues de ce village qui porte son nom. S'asseoir au bord de cette fontaine où on l'a trouvé, âgé de quelques semaines. Se rappeler qu'à défaut d'avoir découvert ses origines, il a au moins trouvé ses racines.

Et chaque jour, un peu plus de silence ...

Aujourd'hui, comme tous les matins, son réveil va sonner, mais elle sera déjà réveillée depuis une dizaine de minutes. Elle devra quitter la chaleur douillette du drap, laisser derrière elle cette torpeur matinale qu'elle affectionne par-dessus tout. Retrouver son costume de mère. D'épouse. Rentrer dans le moule, et reprendre le cours de sa vie.

Elle triche encore quelques instants. Fait durer cet entredeux. Prolonge le rêve. Embrumée. Détendue. Sereine. Cette parenthèse lui est indispensable pour tenir debout le reste de la journée. Garder la tête haute. Elle refuse de s'attarder sur les raisons de ce besoin vital. Parce que si elle s'arrête pour y penser, elle ne se lèvera plus jamais. Elle le sait.

Et chaque jour, un peu plus de silence ...

La musique démarre doucement. C'est l'heure, il est temps de tourner une nouvelle fois la page. Bonjour.

Une fois ce cap passé, elle est heureuse de retrouver son homme, ses enfants. Savoure son café, pieds nus sur la terrasse, le regard perdu dans l'immensité bleue au-dessus d'elle. Embrasse, cajole, sourit et encourage. Habille, range, chausse et encourage encore. Dans les yeux de ses enfants, elle devine la même envie d'échapper au quotidien. Le même désir brûlant d'autre chose, d'autrement. Et toute en patience, toute en douceur, elle enveloppe, rassure, accompagne ses amours sur cet ardu chemin. Promet à grands renforts de chaleur des moments d'abandon et de retrouvailles. Se les promet au moins autant qu'à eux.

La journée défile, au rythme endiablé des responsabilités, des réunions, des fous rires contenus et des colères rentrées. Elle aime son métier, s'y investit sans compter. Là encore, tout est question de mesure, d'attention, de patience et de douceur. De fermeté et d'écoute. D'autorité et de souplesse. Un métier de paradoxes. Où elle s'amuse de cet équilibre précaire. Et s'épuise à tenir sur le fil. Elle aime ces moments où tout se met en place quand on ne s'y attend plus. Où le travail des mois

Regards

passés porte soudain ses fruits. Où pendant quelques secondes, tout devient fluide et évident. Elle vit de longues périodes quasiment en apnée, dans l'attente de ces instants de plénitude. Ils sont rares, et d'autant plus précieux. Ce sont ses bouffées d'oxygène, vitales pour continuer.

En fin de journée, elle se sent vide. Elle a tout donné pour que ça se passe sans accroc. Porté à bout de bras, à bout de souffle, des gens qui n'ont plus l'énergie de se porter eux-mêmes. Cherché, parfois trouvé, les mots qui apaisent, réconfortent, redonnent confiance. La phrase, l'intonation juste qui soutiennent. La posture, la main sur l'épaule qui accompagnent dans l'ultime effort. De l'extérieur, ces infimes détails peuvent passer inaperçus, ou tout du moins aisés, naturels. Même elle se laisse prendre au piège, et il lui arrive souvent d'expliquer à ses amis que ces attitudes font désormais partie d'elle, qu'elle n'a plus à les réfléchir, les calculer. Quand elle se pose et qu'elle analyse sa journée, elle est contrainte de constater que même si toutes ces adaptations lui deviennent chaque jour plus simples, comme un jongleur apprivoise peu à peu ses torches, intègre progressivement la gestuelle nécessaire au bon déroulement du spectacle, elle est constamment sur le fil, la tête en ébullition, et qu'elle a juste appris au cours du temps à penser

Et chaque jour, un peu plus de silence ...

plus vite, non pour se faciliter la vie, mais seulement pour pouvoir prendre toujours plus de paramètres en compte. Et que chaque jour, elle prend plus de risques. Et se rapproche de la brûlure. De cet instant fatidique où elle aura tellement donné, où elle se sera tellement oubliée qu'elle s'effondrera. Où elle pourra se regarder d'un air détaché en se demandant bien qui est cette femme, à qui appartient ce corps au bord de la rupture ...

Le soir arrive. Il lui faut récupérer les enfants, quitter son costume du jour pour l'habit de mère. Qui nécessite encore plus d'abnégation. De renoncement. Elle veut leur offrir le meilleur, et là il n'est pas question de matériel, pas seulement. Elle veut être présente, attentive. Ferme, pour qu'ils aient un socle solide sur lequel se construire. Douce, pour qu'ils sachent toujours où venir trouver le réconfort dans la tempête. Quoi qu'ait pu être sa journée, elle la met entre parenthèses pour pouvoir au mieux accueillir les leurs. Se montrer compréhensive face à leurs tracas, leurs querelles. Avoir le sourire et exploser de fierté pour leurs réussites, leurs joies. Être garante du temps qui passe, être celle qui se souvient, qui rappelle les douleurs passées, les solutions trouvées, les progrès réalisés. Plus que la gestion du quotidien, c'est cette attention permanente qui la mène si souvent au bord de l'épuisement. Parce que même fatiguée, même triste, même en colère, elle a décidé il y a longtemps que leur bien-être passerait avant le sien, que son bonheur dépendrait des leurs. Parce qu'elle refuse de baisser les bras, de baisser la garde. Parce qu'elle leur doit d'être forte. Pour eux. Donc pour elle.

Elle a l'exigence de la perfection chevillée au corps. Et le moindre coup de couteau dans ce contrat la met à mal. La pousse à se donner encore plus, encore mieux. Elle ne se pardonne rien, alors qu'elle leur excuse tout. Elle ne laisse rien passer, non, elle ne se tolérerait pas laxiste. Elle met des mots sur les événements, les émotions. Elle met des mots sur la vie, le monde. Elle met des mots sur leurs colères et leurs chagrins. Sur leurs erreurs et leurs doutes. Elle est consciente du pouvoir infini des mots, de la force impérieuse de la parole. Elle la veut libre au sein de son foyer, parce qu'elle la sait capable de tout régler. Cette force, elle l'offre sans entrave à ses enfants depuis leur naissance. C'est probablement ce dont elle est la plus fière. Pour la leur transmettre, elle a dû se dire elle aussi. Et pourtant, elle a tu ses zones d'ombre. Elle a dit ses fragilités, gardé pour elle ses deuils. Elle a raconté ses rêves, caché ses regrets. Elle est devenue experte en silence, elle qui parle et fait parler.

Et chaque jour, un peu plus de silence ...

Elle s'est tellement tue. Ça gronde sous son crâne, ça cogne dans son cœur, ça grince dans ses entrailles. Son corps hurle à coups de douleurs tout ce que ses lèvres serrées retiennent. Même elle n'est plus capable de traduire, de comprendre de façon consciente. Au soir, quand le sommeil la surprend, tout remonte à la surface. Ses échecs de la journée, ses erreurs des dernières années, les rêves qu'elle croyait avoir oubliés. Enterrés. C'est au cœur de la nuit que retentissent ces cris. Ceux de l'enfant qu'elle était, une enfant qui refuse d'arrêter de rêver. D'être niée. Qui refuse de se taire plus d'une journée. Et profite de la nuit pour remanier sa vie.

Attention, ce n'est pas qu'elle soit malheureuse. Ni qu'elle déteste sa vie. Loin de là. C'est seulement qu'elle a grandi. Qu'en devenant adulte, elle a dû faire des choix. Et qu'elle n'a jamais aimé ça. Elle a dû laisser sur le bord du chemin bon nombre d'options. Rayer de la carte bon nombre d'autres vies. Elle avait tant de portes ouvertes. Mais ne pouvait pas tout faire. Il lui a fallu trancher, se projeter loin pour prendre les bonnes décisions, celles qu'elle pensait vivre le mieux. Avec le moins de regrets. Mais la douleur reste vive. Elle aime son métier. Elle adore son homme et ses enfants. Ce sont des choix réussis. Elle sait au fond d'elle-même qu'ils ont été les meilleurs de sa vie. Des choix qui la remplissent de joie. Une vie où elle se sent complète. Et malgré tout, elle a renoncé à tant pour ces choix-là. Les autres options auraient peut-être été plus dures à vivre, semées de plus d'embûches. Mais elle ne peut empêcher l'enfant de se demander souvent, bien trop souvent : et si ... ? Les moments de solitude qu'elle réclame parfois, ces sortes de fuite en avant, les phases où elle se renferme, disparaît, ne sont que des réponses à ce questionnement permanent. Une façon de faire taire l'enfant, de lui prouver qu'elle sait encore où elle va, qu'elle est sûre de ses choix, et qu'elle a su se préserver, la préserver, à chacun de ses pas.

Elle se réveille. Dans dix minutes, il faudra qu'elle se lève. Elle devra quitter cette douce chaleur, cette merveilleuse torpeur. Mais pendant ces derniers instants, elle se demande pardon, elle renoue avec l'enfant qu'elle a trahie, elle reconnaît sereinement qu'elle lui a menti. Et elle s'absout avant de reprendre le cours de sa vie.

Et chaque jour, un peu plus de silence ...

Sous emprise

L'heure approche. Les minutes s'égrènent. La tension monte. Dans quelques instants, elle va devoir faire face. Faire front. Jamais elle n'aurait cru se retrouver un jour dans cette situation. Pas elle. Pas avec son attention aux autres. Pas avec sa connaissance de l'être humain. Pas elle.

Le frisson s'installe. Monte le long du dos. La saisit à la nuque. Impossible. Elle n'a pas la force. Plus la force. Plus l'envie non plus, d'ailleurs. Comment en est-elle arrivée là ? Comment a-t-elle pu le laisser faire ?

Il entre. Pas un mot. Pas un regard. Chacun de ses pas, de ses mouvements est un reproche. Une critique. Elle se raidit. Il avance. Elle se retient de faire un pas en arrière. Ses pieds sont lourds, engourdis. La tête lui tourne. Ça y est, elle s'est encore perdue.

La nuit suivante, elle se refait le film de sa soirée. Pas le choix. Les sensations s'imposent. Elle ne dormira pas. La tension refuse de retomber. Il lui faut faire l'analyse de chacun des gestes. Des regards. Des mots. Des silences. Des silences surtout. Tellement de silences. Chaque silence est une chaîne supplémentaire à ses poignets. Une entrave de plus qui l'empêche d'avancer. De se retrouver.

Elle a beau y penser, y réfléchir. Elle a beau analyser chacune de leurs rencontres. Tourner et retourner les séquences, les unes après les autres. Essayer désespérément d'en écrire le script. Impossible de comprendre. Qu'a-t-elle laissé passer ? Quand ? A quel moment a-t-elle accepté l'inacceptable ? Simplement pour échapper au moins une fois aux reproches ?

Elle ne se croyait pourtant pas comme ça. Elle s'imaginait forte. Déterminée. Honnête et fidèle, surtout envers elle-même. Et pourtant. Elle s'est trahie en le laissant décider pour elle. En lui laissant le champ libre. En l'autorisant à la mettre plus bas que terre d'un seul regard ... Elle l'a laissé faire. Elle ne lui a pas dit oui. Elle n'a simplement jamais dit non.

Regards

Quand ils se sont rencontrés, elle avait confiance en elle et dans le monde entier. Elle croyait à la part de bonté de chaque être. Elle croyait aux bonheurs simples. Elle croyait au bonheur. Il l'a remarquée pour ça. Il a posé un regard admiratif sur ce qu'elle faisait, ce qu'elle était, et elle s'est sentie vibrer. Dans son regard, elle devenait meilleure. Invincible. Petit à petit, son besoin de passer du temps avec lui grandissait. Chaque nouvelle rencontre la faisait se sentir plus vivante, plus forte. Elle attendait leurs retrouvailles avec impatience, excitation. Elle ne vivait plus que pour ces instants où elle brillait dans ses yeux. Elle aurait tout donné pour un compliment. Pour décrocher un sourire. Elle se délectait d'un regard approbateur, et s'en nourrissait en attendant la prochaine rencontre.

Lorsqu'elle le quittait, elle se sentait comme une coquille vide. Sans son regard sur elle, elle était éteinte. Elle n'en attendait le rendez-vous suivant qu'avec plus de hâte. Une avidité comme elle n'en avait jamais connue. Plus rien n'avait d'importance. Sans lui, sa vie, ses projets n'avaient plus de saveur. Elle vivait à côté d'elle-même chaque seconde passée loin de lui. Ses amies s'éloignaient ?   Et alors ? Elles ne pouvaient pas comprendre. Elles ne le connaissaient pas. Et pour celles qui l'avaient rencontré, celles qui la mettaient en garde, c'était surtout la jalousie qui parlait. Evidemment. Il ne les regardait pas comme il la regardait elle. Elles n'avaient aucun intérêt à ses yeux. Mais elle, elle était unique pour lui, et il était la meilleure chose qui puisse lui arriver. Sans lui, elle n'aurait jamais été personne, elle n'aurait jamais osé se lancer, elle serait restée dans l'anonymat comme tant d'autres. Elle aurait peut-être été heureuse, mais ce n'était rien en comparaison de l'existence qu'il lui offrait.

Tant qu'elle faisait tout pour lui plaire, tout pour le satisfaire, elle était exceptionnelle. Et tant pis si pour ça, elle devait mettre de côté sa vie d'avant. Si elle devait laisser sur le bord de la route ses rêves passés. Tout était tellement inconsistant en regard de l'admiration qu'il lui vouait. Elle devait être vigilante. Comprendre ses attentes. Anticiper ses désirs. Abonder dans son sens. Déceler les signes d'agacement. Toujours faire en sorte que ce soit lui qui prenne les décisions. Lui qui reçoive les félicitations. Lui qui soit en pleine lumière aux yeux du monde. Surtout, surtout, ne pas le décevoir. Surtout, surtout, ne pas prendre le risque de le perdre. De se perdre en le mettant en colère. Elle ne serait plus rien s'il ne la regardait plus avec dévotion.

Regards

Bien sûr, ça n'était pas toujours facile. Au début, elle s'inquiétait qu'il ne lui parle pas. Elle avait du mal à interpréter ses mouvements, ses regards. Elle s'était trompée souvent. La sanction était telle qu'on ne l'y reprenait pas la fois suivante. Elle faisait des efforts. Elle se promettait de s'améliorer. Elle devenait perfectionniste dans la soumission. Acharnée à disparaître pour qu'il se sente exister. A travailler d'arrache-pied dans l'ombre pour qu'il puisse s'approprier leur réussite. Elle s'en voulait tellement quand la désillusion pointait dans ses yeux. Elle aurait rampé si elle avait senti que c'était ce qu'il attendait d'elle.

Mais petit à petit, malgré tous ces efforts, les regards admiratifs se sont faits rares. Le regret, et même le dégoût, se sont installés durablement derrière ses paupières. Elle avait beau faire, elle avait beau tout essayer, il semblait perpétuellement déçu. Il parlait de moins en moins, et chaque petit mot était un coup de poignard. La colère montait en elle, son cœur devenait dur, tellement dur. Comment pouvait-elle être aussi nulle ? Comment osait-elle le trahir alors qu'il avait mis tant d'espoirs en elle ? Il lui fallait faire plus d'efforts, toujours plus. Reconquérir cet homme, son regard, son admiration. Elle n'était rien sans lui. C'était lui qui l'avait faite. Elle n'existait que sous son regard.

Elle y pense, et elle se sent un peu plus prisonnière à chaque seconde. Elle y pense, et c'est la culpabilité qui s'immisce. Comme un brouillard. Une fumée. Dense. Suffocante. La moindre parcelle de son corps se révulse. Elle s'en veut. De s'être oubliée. De lui avoir abandonné son âme sans même se battre. Sans le plus petit signe de révolte. Et à chaque seconde, il gagne ainsi un peu plus. Autrefois, ailleurs, elle était indépendante et fière. A chaque nouvelle seconde de cette nuit de bilan, elle s'apitoie un peu plus. Elle s'effondre. Elle se déteste. Elle ne vaut rien. La preuve. Il gagne sur tous les plans, elle le sait, elle le constate, elle le hait, et elle se hait encore plus, et il sort toujours vainqueur. Toujours plus. Même quand il n'est pas là. Même quand il ne la regarde pas. Même quand il ne lui parle pas. Surtout quand il ne lui parle pas.

Jour après jour, rencontre après rencontre, silence après silence, elle s'enfonce, et il n'a même plus besoin de la critiquer, de lui lancer ne serait-ce qu'un regard noir. Elle entend ses reproches avant qu'il les pense, elle voit ses yeux avant qu'il les ouvre. A ce stade, elle est la plus efficace des geôlières, la plus sadique des bourreaux.

Regards

Ce matin, après une énième nuit de sape, elle n'est même plus l'ombre d'elle-même. Elle prend la route sans y croire, sans s'en rendre compte. Au fond, elle espère presque ne pas se souvenir d'un virage, oublier un passage à niveau, s'oublier. Disparaître.

Un feu. Rouge. D'instinct elle stoppe. Quand même. Sur le passage piéton, un sourire. Elle ne voit que lui : ce sourire. La compassion. La sympathie. La douleur en miroir de sa propre détresse. Mais aussi la force. La confiance. L'espoir.

Elle redémarre. Regarde le ciel. Réalise qu'il pleut. Se sent pourtant vivante. Tellement vivante. Aujourd'hui c'est décidé, elle dit stop. Elle dit non. Aujourd'hui, elle reprend les rênes de sa vie. Aujourd'hui, elle reprend le pouvoir.

Sous emprise

La magie de Noël

Elle a toujours aimé Noël et les semaines qui précèdent. Come le meilleur moyen de célébrer dignement l'entrée dans l'hiver, sa saison préférée. Les odeurs, les couleurs, les musiques. Cette impression que chacun renoue avec sa part d'enfance durant cette courte période. Les sourires attendris des adultes devant les bambins émerveillés. Cette sorte d'enthousiasme collectif, où les uns et les autres mettent de côté tristesses, rancœurs, stress, pour que cette fête en soit réellement une, pour savourer pleinement ce temps de retrouvailles, cette parenthèse annuelle dans le rythme effréné de leurs vies. Elle sait que tout le monde ne vit pas ces quelques semaines de la même façon. Que pour certains c'est une cause de tension supplémentaire ou de chagrin. Que les privations, les différences ont tendance à s'accentuer, à se rendre plus visibles, plus douloureuses. Elle a toujours pensé qu'une main tendue, une dose de chaleur et de douceur font déjà beaucoup, et atténuent un peu ces souffrances.

Noël, dans sa famille, c'est une institution, le moment privilégié de l'année. Elle y songe depuis des mois, note ses idées au fil des jours, cherche le cadeau très personnalisé qui comblera le proche qu'elle veut gâter. Elle repère, achète en cachette, se régale de ce temps de préparation où elle vit déjà par anticipation la joie du déballage au pied du sapin. Quand on lui demande ce qu'elle veut, elle ne sait généralement pas quoi répondre. Des envies futiles, oui bien sûr, elle en a. les besoins, elle essaie des les combler quand ils se présentent. En fait, son plus grand bonheur au matin de Noël, c'est la course vers le sapin, tout le monde en pyjama, qui sur le canapé, qui sur un dosser, un tabouret, ou à même le sol. Les enfants en extase devant la pile de cadeaux, qui ne savent par où commencer, et jettent de temps en temps un regard étonné à la cheminée allumée, le verre de rhum vide et les biscuits grignotés. Qui s'avancent vers elle un paquet à la main pour qu'elle les aide à déchiffrer l'étiquette puis vont l'apporter, mi-figue mi-raisin, à la personne concernée. Qui sautent de joie quand ils reconnaissent enfin leur prénom, mais vont poser le paquet dans un coin, pour continuer la distribution. Qui se retiennent de secouer l'arbre pour voir s'il

Regards

n'en tomberait pas encore un peu, par chance, de ces petits cadeaux surprises ou de ces clémentines. Comme elle il y a trente ans.

Elle se souvient. De la maison de ses grands-parents. La grande villa aux mille-et-une chambres vers laquelle toute la famille convergeait aux vacances. Son grand-père aux fourneaux, qui dirigeait les préparatifs d'une main de fer, comme au temps de sa carrière militaire. Le début du réveillon, interrompu par le départ d'une partie de la troupe à la Messe des Enfants, tandis que son père et son grand-père restaient à la maison pour surveiller les cuissons et siroter un verre de whisky. Le retour de l'église, à pieds et en chansons, et bien souvent sous les premiers flocons. Le repas, bruyant et gai, les odeurs de vin chaud, de cannelle, le chant de l'oiseau dans le sapin gigantesque qu'elle adorait autant que son père le détestait. Le coucher tout là-haut dans les combles, et ses chants avant de s'endormir, où elle remerciait tout le monde pour cet excès de bonheur. Elle s'endormait alors sur des larmes de joie. Au matin, réveillée avant l'aube, elle allait sauter sur le lit de ses parents. Sa mère descendait au salon, revenait lui dire qu'Il n'était pas encore passé. Elle se blottissait entre eux deux, attendant une heure plus raisonnable. Après le temps des cadeaux venait

La magie de Noël

celui du repas. La grande tablée avec les membres de la famille, et toutes les pièces rapportées qui faisaient désormais partie intégrante du clan. Elle allait jouer dans la bibliothèque entre deux plats, et bien souvent son oncle la rejoignait. Le repas s'étirait en longueur, et de plus en plus de monde venait se poser sur le canapé, pour rire devant les traditionnels dessins animés. Elle a vécu chacun de ces Noëls intensément, avidement. Même quand elle a été plus grande, qu'elle n'a plus cru au gros homme rouge et à ses lutins, elle a participé activement à faire perdurer cette magie.

Mais cette année, ses enfants ne croient plus au Père Noël. Ils savent que ce sont les adultes qui achètent, emballent, cachent et finalement posent les cadeaux au pied du sapin. Ils ont perdu cette étincelle dans les yeux, ont fait des listes pour le principe, mais négocient leurs présents à coups de « c'est pas trop cher, je m'en servirai beaucoup, c'est promis, allez, dis oui ! ». Où sont passés ces regards éblouis devant les catalogues ? Cette attente joyeuse de la réponse du Père Noël à leur lettre ? Ces questions incessantes sur les éventuelles surprises ? Elle essaie de leur expliquer que la magie est toujours là, en chacun de nous. Que c'est un moment particulier pour choyer les êtres aimés, les accepter tels qu'ils sont, et partager leur bonheur.

Mais elle sait qu'elle n'est pas très convaincante. Cette année sera le premier Noël sans son grand-père. Sans son pilier. Même si depuis quelques temps d'autres avaient pris le relais. Elle y compris. Elle porte son absence comme un poids sur son cœur depuis des mois. N'a pour la première fois pas réussi à se projeter gaiement vers cette fête tant aimée. Elle a beau savoir que c'est dans l'ordre des choses, que les enfants grandissent, et que les aînés finissent par mourir, elle est pétrifiée. Terrorisée. Comme si Noël ne pouvait exister sanas eux, sans son grand-père et le Père Noël. Sans la force de l'un et la magie de l'autre. Et réciproquement. Elle a la terrible sensation que ce Noël sera le premier de sa vie d'adulte, le premier sans féérie. Et elle ne se sent pas de taille à l'affronter.

Le fond de l'air est froid, ça brûle le nez et les yeux quand elle inspire fort. La nuit est tombée tôt, le ciel se drape d'étoiles : il fera encore plus froid demain. Dans quelques jours, on sera en décembre. Il y a des robes à paillettes dans les vitrines, des smokings satinés et des souliers vernis qui brillent de mille feux. Les guirlandes sont accrochées dans les rues, et s'allumeront bientôt sous les yeux ébahis des petits et des grands. Le marché de Noël ouvrira lui aussi ses portes, et le compte-à-rebours sera bel et bien lancé. Elle marche dans la rue piétonne, le manteau bien fermé, les poings enfoncés dans les poches. Elle se force à regarder autour d'elle, à laisser entrer cette ferveur contagieuse qui semble se répandre parmi la foule qui déambule.

D'autres enfants verront le jour. Qui auront tout autant le droit qu'elle d'adorer Noël. Pour ses proches aussi, le manque se fera sentir cette année, elle sait qu'elle n'est pas la seule à redouter de s'y confronter. Mais en avançant sous les étoiles, elle se dit qu'elle a eu une chance incroyable. Celle d'avoir une famille unie qui fêtait Noël avec enthousiasme. Avec chaleur. Accueillant à bras ouverts les nouveaux venus. Que cette joie, ce partage sont un merveilleux héritage. Elle se dit qu'elle va fêter Noël comme le début d'une nouvelle vie, et qu'elle mettra un point d'honneur à perpétuer tout ce que son grand-père avait construit. Parce que c'est ainsi qu'elle fera revivre, année après année, un peu de sa magie.

Remerciements

Ce recueil est le fruit de plus de dix années d'écriture sporadique, au hasard de mes idées, de mes envies, de mon besoin d'écrire, surtout, de ce besoin irrépressible de coucher sur le papier des émotions, des sensations qui s'imposaient à moi. L'écriture a toujours été une évidence, et mon jardin secret. J'ai toujours écrit, sur tout, de tout et parfois n'importe quoi, et avant tout pour moi-même. Et plus j'écris, plus je ressens le plaisir de faire sauter les verrous, et de laisser la parole se libérer.

Merci à mon mari d'y avoir cru pour moi, de m'avoir soutenue, poussée juste ce qu'il fallait, avec le bon équilibre d'insistance et de patience nécessaire pour me faire avancer sans m'effrayer. C'est grâce à lui qu'aujourd'hui ces nouvelles ne sont plus cachées au fond de mes cahiers ...

Regards

Merci à mes parents qui m'ont donné le goût de la lecture, ce havre de paix où l'on peut se ressourcer à tout instant, et qui ont su me préserver des moments d'ennui, ces fameuses parenthèses au creux desquelles l'imagination se libère et la créativité s'épanouit. Ils ont lu tous mes écrits d'élève et d'étudiante, ont toujours été pointilleux, exigeants, et m'ont transmis cet amour du mot juste, de la phrase nette et précise, de l'adjectif qui éclaire le propos bien mieux que des lignes et des lignes de description hasardeuse. Notre ami le dictionnaire qui s'invitait le soir à nos repas a été mon fidèle compagnon au fil de ces heures d'écriture, et j'avais l'impression de vous avoir à mes côtés à chaque instant, alors que je n'ai partagé jusqu'à présent avec vous quasiment aucune de ces nouvelles ! Voici l'objet parfait pour enfin remédier à cette erreur !

Je n'aurais jamais cru la remercier un jour, mais tout de même, merci aussi à ma prof de français de 5ème, qui a cru qu'un de mes poèmes, non signé, était de Victor Hugo (oui oui, fierté, et en même temps cynisme parce que franchement elle ne valait pas un clou en tant que pédagogue, cette prof ...), et qui m'a inscrite d'office à un concours de nouvelles, première confrontation réussie avec mes pairs, mon dieu que j'ai tremblé en attendant le verdict !

Merci à M. Bouleau, celui-là le mérite vraiment, mon Professeur Keating à moi, parti bien trop tôt, mais qui avait pris le temps, avant, de me voir pleinement, et pas seulement comme la petite élève de 6ème bien sage et bien scolaire du premier rang ... Vous m'avez donné la force d'aller au-delà de ce que je croyais possible, au-delà des limites que je me fixais, au-delà des mes peurs surtout ... J'aurais tellement aimé vous offrir ce livre ...

Merci à tous les amis très proches et membres de ma famille avec qui j'ai partagé certains de ces écrits, parce que j'avais pensé à eux en prenant la plume, ou parce que j'avais parfois ce fichu besoin d'échanges chevillé au corps. Vos regards, vos sourires, vos encouragements ont été les engrais essentiels à la poursuite de cette aventure ... Merci à Pascal en particulier qui a eu les mots justes à l'instant précis où je me sentais presque prête à franchir le pas, et où ma sempiternelle trouille me clouait sur place. Sans toi, perfide associé de mon homme dans cette entreprise, ce livre n'aurait jamais vu le jour ...

Regards

Merci à mes princesses qui ont compris qu'il y avait des moments où "Maman a besoin de silence, elle écrit", qui ont surtout saisi l'importance de ces temps de face-à-face avec moi-même, pour mon équilibre et le bien-être de notre foyer.

Et pour finir, un immense MERCI à celui qui y a cru avant même que l'idée d'écrire plus qu'un poème pour mes petites cousines ne m'effleure, à mon Nanard qui m'a encensée mais aussi secouée, qui a eu à mon égard les mots les plus tendres comme les plus durs. A toi qui m'as dit un jour "Toi, ma grande, tu devrais écrire." Tu n'es plus là, et c'est parce que je t'ai promis de continuer à donner le meilleur de moi-même, à me dépasser, vivre ma vie à fond pour ne rien regretter, que ce livre voit le jour aujourd'hui. Je le confie à Mad, tu sais comme moi qu'elle en prendra soin ...

Table des matières

- Page blanche _____ 11
- Il _____ 17
- Insomnie _____ 23
- Une toute petite fille _____ 27
- Le vieil homme aux poires _____ 31
- Le grenier _____ 35
- Les oiseaux ne meurent jamais _____ 43
- La mariée était en noir _____ 47
- Tableaux _____ 50
- Au plus profond de nos cœurs _____ 53
- Le recoin _____ 59
- Père et fille _____ 65
- Une vie _____ 71
- Pour toujours _____ 76
- Ma bulle _____ 81
- Embruns _____ 89
- Prendre le large _____ 93
- Piste rouge _____ 97

Sa vie d'avant _____ 103

Mélodie _____ 107

Origines _____ 111

Et chaque jour, un peu plus de silence ... _____ 115

Sous emprise _____ 122

La magie de Noël _____ 131

Remerciements _____ 137

Retrouvez l'auteur, les toutes dernières informations, et des extraits en avant-première sur :

www.facebook.com/pages/Claire-Mayor-Tanniere/1588899371331143

www.claire-mayor-tanniere.fr

N° édition : 01

ISBN : 978-2-3220-1151-3

Dépôt légal : novembre 2014